《史记》中的

# 爱恨情仇

邓强○著

中国文史出版社

图书在版编目（CIP）数据

《史记》中的爱恨情仇 / 邓强著 . —— 北京：中国
文史出版社，2016.11
　　ISBN 978-7-5034-8596-1

　　Ⅰ.①史… Ⅱ.①邓… Ⅲ.①中国历史－古代史－纪
传体－通俗读物 Ⅳ.① K204.2-49

中国版本图书馆 CIP 数据核字（2016）第 274812 号


责任编辑：殷　旭

出版发行：中国文史出版社
网　　址：www.chinawenshi.net
社　　址：北京市西城区太平桥大街 23 号　邮编：100811
电　　话：010-66173572 66168268 66192736（发行部）
传　　真：010-66192703
印　　装：廊坊市海涛印刷有限公司
经　　销：全国新华书店
开　　本：1/16
印　　张：14.5
字　　数：190 千字
印　　数：5000 册
版　　次：2017 年 8 月北京第 1 版
印　　次：2017 年 8 月第 1 次印刷
定　　价：45.00 元

第一章

《史记》中的

多味爱

爱情，是生活中不可或缺的调味品，是文学作品中永恒不变的主题。

在《史记》风云变幻的历史中，爱情，有时候在推动人的成功，更多的时候，是在把人拉向深渊；在更多的男人眼中，爱情，或许真的只是一件自己手中的工具而已，作为妻子，似乎随时要准备为丈夫牺牲，当然，也会有例外……

即使是《史记》这样一本煌煌巨著，它也有着自己难以言说的缺陷，那就是《史记》并不重视女性，这实在是中国古代的大男子主义在作怪。所以，爱情的身影，在《史记》中，只能躲躲闪闪，隐藏在那些缤纷诡谲的计谋之后。

## ◆ 吴起杀妻求将

《史记》中，司马迁把吴起与古代著名军事家孙武放在一起作传，足见得他对吴起军事才能的看重。

由于汉朝对边疆发起的连年战争，兵法类书籍在汉朝大行其道，当时著名的兵法书有《孙子兵法》《吴子兵法》《司马兵法》等等。熟读兵书，如果有机会能在皇帝面前进言献策，这可是升官晋爵的妙招。

例如，汉武帝时，有一个叫作主父偃的人早年熟读百家书籍，虽四十余年来贫穷困窘，靠山吃山，靠海吃海，靠友吃友，惹人憎恶，最后快到了人人喊打的地步，但他终于抓住了一次给皇帝上书的机会，从而平步青云，创纪录地在一年的时间里完成连升四级的壮举。

短短的一篇上书里，他就引用了数条兵书中的话来论证天下大事，如：

《司马（兵）法》曰："国虽大，好战必亡；天下虽平，忘战必危。"
兵法（《孙子兵法》）曰："兴师十万，日费千金。"

　　这说明了兵法书在当时的普及性和重要性，虽然以上书里没涉及《吴子兵法》，但司马迁评论说："非信仁廉勇不能传剑论兵书。"他对军事家的为人做了一个基本断定。

　　那么，吴起是不是一个"信仁廉勇"的人呢？

　　当时的魏国国君魏文侯打算重用吴起之前，曾问过大臣李克的意见。李克在识人上很有一套，他看人有五条法宝："居视其所亲，富视其所与，达视其所举，穷视其所不为，贫视其所不取。"以此法则看人屡试不爽。

　　于是，文侯很重视李克的意见，李克这么评价吴起："起贪而好色，然用兵，司马穰苴不能过也。" 司马穰苴是田常的祖先（即战国时代齐国国君的祖先），是一位大军事家，齐威王曾用其兵法而称霸。李克的评论让魏文侯怦然心动，最终决定任用其为魏国大将。后来的曹操在用人上颇得魏文侯之法——唯才是举。

　　关于吴起带兵打仗有这么一个著名的故事。说的是他有名士兵身上长了疥疮，吴起就亲自替他吮吸除脓液。这名士兵的母亲听到这个消息，就哭了。别人自然不明白她为什么会哭，她就说："我怎能不哭？想当年，吴起也曾替孩子他爸吮吸过脓疮，此后，孩子他爸为了报答吴起，作战勇往直前，最终死在敌人手下。而现在吴起又在吮吸我儿子了，你说我怎能不哭呢？"

　　《战国策》记载，魏惠王时，魏国让公叔痤作为大将战胜韩、赵。魏惠王在嘉奖公叔痤的时候，公叔痤就说："让士兵不溃散，而勇往直前、百折不挠，这都是从前吴起的功劳。"

　　诚然，吴起在带兵打仗上是一员当之无愧的能人猛将，这足以让吴起美名远扬。然而，吴起出道之时的一些做法又很让人不齿。

　　吴起是卫国人，娶了个妻子，是齐国人。

吴起小的时候家境阔绰，于是吴起以家里的资产作为四处游说的资本，终日无所作为，败光家产，铩羽而归。读书人不事农产，在当时本来就遭人诟病，就是孔子这样的人，还被荷蓧丈人骂为"四体不勤，五谷不分"呢，更别说吴起了，况且他还败家。于是归来后，其事成为家乡人茶余饭后的谈资，每天都有人在背后对他指指戳戳。

吴起忍不了了。他一口气杀死了三十来号人，然后，和他的母亲诀别说："我如果做不成王侯将相，我誓不回卫国！"

离开卫国，吴起去了鲁国，拜了曾子为师。曾子是孔子的嫡亲门人。

古代出过这么几个怪例：明明是儒家老师，最后却教出来法家的弟子。这里曾子和吴起是一例，后来荀子和他的学生李斯、韩非子又是一例。看来，这些法家弟子们把儒家老师们束缚在自己身上的礼节教条最终理解进而变通为法律条文了。

过了一段时间，吴起的母亲死了。她最终没有能熬到自己的儿子成为王侯将相的那一天，死的时候，也没有儿子为她送终。儒家规定丁父母忧，要守孝道三年。然而吴起终于没有违背自己当日所发的誓言，他没有回到卫国。

作为孔子之后的儒家老大，曾子很鄙视吴起的为人，于是将吴起逐出门墙。

此后，吴起弃文从武。在鲁国悉心钻研兵法。应该就在此段期间，吴起娶了老婆。

有一年，邻国齐国要攻打鲁国，鲁国打算让吴起带兵抵御齐国。但这里有一个问题：吴起的老婆是齐国人，怎么办？如果让吴起带兵，谁能保证吴起不会徇私？鲁君迟疑不决。

吴起琢磨出了鲁君迟疑的原因。回到家后，就杀死了自己的妻子。

吴起终于在这次大战中扬名立万！

《史记》里没有记载吴起妻子的名字，仿佛大家都遗忘了这一点。电影《肖申克的救赎》里有一幕场景，说的是一个罪犯在监狱里被打死了。杜弗雷（主人公）问那罪犯叫什么名字，另一名罪犯说道："他叫什么无所谓了，他死了。"

是的，谁会记得吴起的妻子呢？李克评论吴起"贪而好色"，司马迁评论的军事家必有的素质"信仁廉勇"，似乎吴起并不看重，但吴起终究成名了，在他名垂青史的背后，他的妻子，或许只是他成名的一件工具罢了。

## ◈ 冒顿杀妻夺位

古匈奴有"山戎""猃狁""荤粥""犬戎"之称，《诗经·采薇》里有"不遑启居，猃狁之故"的说法。这证明了春秋以来，匈奴就已成为中原之患。

西周最后一位帝王周幽王因荒淫无道，废除王后申后及太子，申后之父申侯即北借犬戎兵力，犬戎在骊山下遂杀周幽王。这也证明了春秋以来，匈奴就成了欲作乱人士相勾结的一支重要力量。不过，这似乎是唯一得手的一次，后来汉朝时韩王信、陈豨、淮南王等人均曾效行此法，不过皆告失败。

匈奴人的生活习性在《史记》里有详细记载。

首先，匈奴人逐水草而居，没有耕田之业。游牧民族，注定了他们具有极强的侵略本性。每年的冬春季节，匈奴人为了生存，便总会挥师南下，以小规模骚扰为主，大规模战争为辅。边疆争斗不断，几乎历代统治者都深以匈奴为忧，总妄想一举歼灭匈奴，但通常皆是无功而返。刘邦建立汉朝以后，想征伐匈奴，御史成进谏道：

"不可。夫匈奴之性，兽聚而鸟散，从之如搏影。今以陛下盛德攻匈奴，臣窃危之。"

成进在这里把讨伐匈奴比喻成与自己的影子搏斗，确有其理。因为匈奴人打仗不以退兵为耻，有利则进攻，无利则撤退。颇有些后来的游击队打仗的味道。

其次，匈奴人擅长捕猎，多能使用弓弩，射得一手好箭。因为是游牧民族，注定了他们擅长捕猎的天性。他们不仅敬佩本族的射箭高手，而且敬佩敌人中的射箭高手。比如，汉朝的飞将军李广就是他们又敬又怕的人。

最后，作为一个野蛮的民族，匈奴人不仅没有文字，而且不尊老爱幼，只重视壮健的年轻人。这种弱肉强食的本性让他们的种族变得更为彪悍。这种野蛮还表现在下面这条让人瞠目结舌的规定上：父亲死了，儿子可以娶自己的后妈；兄弟死了，他的所有的妻子都可以纳为己有。

冒顿可以说生逢其时。他的父亲是匈奴单于，名叫头曼。头曼当单于的时候，匈奴势力还比较弱小，当时中国北方强大的民族是东胡和月氏，并非匈奴。不过，很快秦朝内乱，蒙恬一死，继而秦末起义，秦朝防守边疆的军队相继撤离边境去防御起义军。匈奴的势力得到极大扩张。

冒顿是头曼的太子，但是后来头曼喜欢上了一位夫人，生了一位小儿子。像很多领导人一样，头曼此时就犯糊涂了，想废掉冒顿，转而立这位夫人的儿子为太子。公开废掉冒顿恐怕会惹起争议，于是头曼想了一个法子，头曼把太子冒顿送去了月氏当人质。

送本国非常重要的人去另外一个比较强大的国家做人质是一个弱国通常的做法。不过强国也经常这样做，比如后来的秦始皇嬴政就曾在赵国做过人质，并在那时与同在赵国做人质的燕国太子丹做了好朋友。此后历史上鼎鼎有名的"荆轲刺秦"，据说就是因为太子丹不满嬴政不念旧情而组织的一次刺杀活动。

但是头曼送冒顿去月氏并不是为了要与月氏结盟，而是意图借此杀掉冒顿。冒顿做了人质以后，头曼就率领军队去攻打月氏。月氏自然不干了，打算杀掉冒顿。自然，欲借月氏之手干掉冒顿正是头曼本意。

但冒顿也并非是个傻瓜，任人宰割。他偷了一匹宝马，乘乱跑回了匈奴。

冒顿的这一次归来，并没有让头曼恼羞成怒，因为前面讲过，匈奴是个崇尚英雄的民族，冒顿反而激发起了头曼的爱才之心。头曼不仅没有杀冒顿，反而让他做了骑兵统帅。

头曼不杀冒顿，不代表冒顿对头曼不记恨在心。冒顿兵权在手，开始了漫长的复仇计划。

冒顿不仅勇悍，而且是个小发明家。他发明了一种会发声的箭，他称之为"鸣镝"，然后，冒顿开始严格训练他的骑兵部队，并发布了一条命令："我的鸣镝射到哪里，你们也要射到哪里，如果有不遵从命令的，斩无赦。"

首先，冒顿带领他的骑兵去打猎。史书虽然没有记载当时的情况如何，但从冒顿此人的行为作风来看，我们可以这么设想一下当时的情况：冒顿打猎的时候，他的鸣镝并没有射到猎物上，而是故意射到了一位捡拾猎物的奴隶身上。有的骑兵不忍心射，冒顿就马上处死了他们。

接着，冒顿牵出自己的宝马出来,然后对着宝马射出了自己的箭。当然，这次又有一批人不敢射，冒顿就又马上处死了他们。

再接着，冒顿让自己的爱妻出门郊游，冒顿对自己的爱妻又突施冷箭，自然，这次又有一批人不敢射，冒顿仍然马上处死了他们。

然后，冒顿把头曼的宝马牵出来射，这一次，所有的手下人都知道厉害了，全部出箭。冒顿知道，复仇的日子就在眼前了。

最后，冒顿就等最佳时机了。一天，头曼打算出去狩猎，冒顿跟着出门。在这次猎会上，冒顿逮到机会，对头曼射了一箭，随着鸣镝这一声响，冒顿手下骑兵一齐发箭射向了头曼，头曼立马变成了一只刺猬。

冒顿继而自立为单于。

冒顿绝对是个言行合一、言出必践的人，做事手段也极端残忍，十分有领袖风范。

冒顿的爱妻在冒顿夺位的过程中，扮演了一个微不足道的很可怜的角色。冒顿把"爱"完全当成了他用来测试部下忠心的工具。

## ◆ 孙武三令五申

仿佛这是个惯例，或者说是个怪圈。作为一个成功的军事家，必然会极度轻视女人。

春秋末年，孙武著出《孙子兵法》十三篇献给吴王阖闾，希冀得以重用。阖闾是个实践家。他说："你的兵法十三篇我全都看完了，写得不错，但你可以演示一下其中的威力吗？"

这个问题自然难不倒孙武。

阖闾又再次发难："你是个军事家，让你训练好普通士兵没啥难度，你为我训练我宫中的女子，如何？"

孙武也再次允诺了。

阖闾派出了庞大的美女军团，共180人。孙武把她们分成两支队伍，每支队伍用吴王最宠爱的妃子当队长。然后分发给每位美女一支戟。

每位美女都感到新鲜好奇，队伍中不时发出阵阵窃笑。孙武没有理会。

分发完武器后，孙武开始传达命令，他的命令非常简单。他对美女们说："大家都知道胸、背、左手、右手吧？"

美女们嘻嘻哈哈地说："知道知道。"

孙武重复了一遍他的号令："我让你们向前看，就是让你们顺着胸的方向看；我让你们向后看，就是让你们顺着背的方向看；我让你们向左看，就是让你们顺着左手的方向看；我让你们向右看，就是让你们顺着右手的方向看。大家都清楚了？"

美女们都有点不耐烦了，说："清楚清楚，快点开始吧。"

然后，孙武让人搬来了斧钺等各种刑具。

孙武击鼓，号令道："大家看右边！"

美女们从没见过这种情况，感到新鲜极了，全都大笑起来，没有人听孙武的。

孙武就站在众位美女面前，自责道："这都怪我没说明白号令，这次操练失败完全是我的责任。"

于是，孙武继续三令五申。之后，孙武开始第二次排练。

孙武又开始击鼓，这次他大声喊："大家看左边！"

美女们你看看我我看看你，又大笑起来。

孙武发话了，他说："刚才是因为我没发好号令，是我的责任；而现在我号令已经说得很明白了，各位仍是不遵行，那就是两位队长的责任了。"还是没人把孙武的这番话认真对待。

孙武继续说："按照军法，两位队长是死罪。来人，斧钺伺候！"

吴王阖闾在点将台上坐不住了，一看孙武好像要来真的，就赶紧派人下台对孙武说："寡人已经知道你用兵如神了，你不要杀这二位美人，否则我吃不饱饭睡不好觉。"

孙武哪管这一套，他说："将在外，君命有所不受。"很坚决地处死了二位队长。

当孙武重新开始操练起来，再无人敢放肆地笑了，并且动作都标准得很。

孙武就向吴王阖闾报告说："军队已操练完毕，将士们水火可入，请王下点将台亲自阅兵。"

吴王阖闾犹自痛心呢，他愤怒地说："你哪儿来哪儿待着去吧，寡人不想看你的军队！"

当然，这只是一时的气话。此后，阖闾名震华夏，与其重用孙武不无干系。

同是想当将军，吴起杀死了自己的妻子，而孙武杀死了吴王阖闾的爱妃。孙武和吴起孰高孰低，似乎从这件事情上可以看得出来。

## ◆ 霸王别姬

《史记》中最荡人心魂的爱情恐怕就是"霸王别姬"了。这是英雄与美人之间的爱情，不牵扯红颜祸水的爱情。但即便是这般爱情，在《史记》中记载的也是如此之短。司马迁囿于传统观念，对女子看得是这般淡薄。

项王军壁垓下，兵少食尽，汉军及诸侯兵围之数重。夜闻汉军四面皆楚歌，项王乃大惊曰："汉皆已得楚乎？是何楚人之多也！"项王则夜起，饮帐中。有美人名虞，常幸从；骏马名骓，常骑之。于是项王乃悲歌慷慨，自为诗曰："力拔山兮气盖世，时不利兮骓不逝。骓不逝兮可奈何，虞兮虞兮奈若何！"歌数阕，美人和之。项王泣数行下，左右皆泣，莫能仰视。

这一段文字，让人感到异常安静。在《项羽本纪》里，恐怕只有"鸿门宴"的安静方堪与"霸王别姬"这一段相提并论。

此时，项羽的军队被刘邦以及韩信的军队包围，刘邦指使手下的将士唱起了楚地的民歌。一时之间，歌声连角起，楚歌一何悲！

项羽面对此情此景，顿感大势已去。

项羽端起了酒杯，拔出了长剑。帐内四顾，心茫然啊心茫然。

他唱起了一首歌，满是无奈的一首歌："力拔山兮气盖世，时不利兮骓不逝。骓不逝兮可奈何，虞兮虞兮奈若何！"文辞并无可采之处，却透出了英雄末路的慨叹，不知道此时，项羽有没有为他自己一手酿成的苦果而感到后悔？嘿嘿，恐怕他是不会后悔的，他永远不会承认自己做错了。做错了事情，他往往采用错上加错的方法去补救。

几年以后，得志的刘邦也唱了一首歌："大风起兮云飞扬，威加海内兮归故乡，安得猛士兮守四方！"刘邦也照着楚辞的格调，效仿着数年前他还称之为项王的那个人的格调，效仿着英雄的豪壮，居然也是有模有样！

项羽没读过什么书。他少时的名言如此说道："书足以记名姓而已。剑一人敌，不足学，学万人敌。"项羽是个实用主义者，这句话的意思是读书的用处只在于书写姓名罢了。

如果说项羽的这种轻视读书的态度还不足以毁掉他，再加上他刚愎自用的作风，就真的毁了他。项羽和刘邦都没咋读书，项羽表面上对读书人很尊敬，但实际上他放弃了多少能人异士！蒯通就是惨痛的一例教训。刘邦表面上看不起读书人，常大放厥词说要往读书人的帽子里撒尿，在洗脚的时候接见手下，但刘邦的长处是他能听人劝，甚至是荒谬的言论，他也听，比如后来郦食其劝说刘邦分封六国后人为王，刘邦就听了，还好后来张良及时制止了这一行为。

鸿门宴后，项羽领兵大屠咸阳，火烧三月方灭。他太意气用事了！这时的项羽无疑被胜利冲昏了头脑。他放弃了咸阳，而此时有人劝他继续守在咸阳，不是没有人劝他！但他仍然不听。项羽此时的名言是："富贵不归故乡，如衣绣夜行，谁知之者！"他是真的发昏了。名闻天下的项羽此时居然说"谁知之者"这般言语，不禁让人唏嘘咂舌！

随后，项羽戏下封王，仍然凭己所好。其后，未受封或感到分封不均的各路英雄怨气不断，赵地、齐地、巴蜀相继反叛，均因项羽"霸气"所致。而反观后来的刘邦"咬牙封雍齿，挥泪斩丁公"，群臣怨气自消。霸王，一时头昏脑涨的霸王，无论如何也学不会驾驭群臣的本领。

项羽在"垓下之围"的时候，唱出的这首歌充满了无奈之感，却并无透露出丝毫的悔恨之意。接下来的事情，《史记》并无记载，但人人皆知的事实是虞姬死了。她是自杀还是项羽所杀？其实虞姬怎么死法有什么打紧？反正是死了。项羽越是舍不得，反而越证明了项羽越对不起虞姬。

再接着，项羽做了一件事，来向部下证明，他自己还是个英雄。他带着残存的 28 骑冲入汉军摆开阵形，又杀死了百十来人。但，这件事怎能证明项羽英雄？反而我觉得那死死追随项羽的 28 骑皆是一等一的英雄，他们陪着项羽完成了项羽的悲情谢幕。

二千余年了，翻开史书，在乌江畔，仿佛看得虞姬的一丝浅笑，还闻得一声叹息。

## ◆ 烽火戏诸侯

预言确实可怕，特别是它如果真的变成现实的话，它能让人有种绝望的感觉。因为既然预言会实现的话，那么虽然清楚后果非常可怕，但是却不知道如何去补救，甚至无法补救，这不让人感到绝望么？

在周宣王的时候，民间遍传这样的一首歌谣："檿弧箕服，实亡周国。"这让周宣王非常害怕，于是开始捕杀天下制作弓箭并出售的人。

有一对从事这一行业的夫妇开始逃亡。在逃亡的路上，一天夜晚，他们听到了野外传来一个女婴的啼哭声，循声找去，他们捡到了一个女婴。他们带着这个女婴一起逃亡到了褒国。女婴在褒国长大，她就是以后名闻天下的褒姒。

结果，在周宣王统治的时候，"檿弧箕服"并未使周朝灭亡。预言终于没有实现，周宣王以为自己杀光了"檿弧箕服"，舒了一口气死去了。

周宣王的儿子周幽王继位。周幽王的王后是申氏，申后生了太子宜臼。周幽王三年，因褒人犯了罪，于是向幽王进献褒姒赎罪。周幽王见到褒姒后，魂都没有了。很快，他就和褒姒生了一个叫伯服的儿子。紧接着，周幽王就废掉了申后，一并废掉了太子宜臼。褒姒成为幽王的王后，伯服也成了太子。申氏的父亲决意要报仇了。

周朝当时的太史公叫伯阳，他流着眼泪记下了这段历史，并慨叹道："完了，周朝灭亡了！无法挽救了！"通晓历史的人想必总是很痛苦的，因为他无法阻止历史潮流的发展，每个新起的朝代总想不重蹈前朝的覆辙，但却每每如是。他想必痛恨自己选择了史官这一行业，他想必明白了这个道理：读历史，用处到底在哪里？无论哪一个朝代，都是一群追名逐利之徒！

历史的悖论就是轮回。原则上人不会在同一个地方摔倒三次，但历史的特性就在这里显现出来：每个朝代建国的情形或略有不同，而每个朝代亡国的历史却惊人相似。亡国之相就是王荒淫无道，吏贪污腐化，民不聊生。

周幽王的这位集万千宠爱于一身的新后，却是天性冷若冰霜，仿佛褒姒一笑黄河水都能变得清澈起来一般。这就是变态，然而周幽王更变态，历史总是这般，喜欢把变态的人放在一起演绎历史，历史就能呈现它的缤纷多彩的一面了。周幽王千方百计地想让褒姒笑一笑，但褒姒如同石头人一般，就是不笑。

最后，周幽王命人击鼓烽火台，狼烟点燃，烟柱萦绕升天。诸侯们以为国都遭难，相继步履匆匆，领兵而来。来了以后，发现并没有贼寇，相反，周幽王和褒姒正在喝酒作乐呢。

接下来，周幽王一句话打发诸侯们打道回府。诸侯们满腔悲愤，偃旗息鼓，怏怏而归。此时，褒姒笑了，笑得那么灿烂。美人终于笑了，周幽王的万般努力在今天终于有了回报。

诸侯回去后，褒姒又不笑了，周幽王举起狼烟，褒姒又笑了……

在狼烟几次燃烧以后，诸侯们都不再来了，他们不再上当了。

我仿佛以为烽火戏诸侯原本就是申侯导演出来的一出戏剧，因为，他报仇的计划在这一刻成熟了。

一笑倾城，再笑倾国，曾经不可一世的周王朝果真在褒姒的笑容背后坍塌了。申侯请来了犬戎兵马，围住了国都。周幽王又一次燃起了狼烟，与前几次袅袅燃起的狼烟不同，这一次的狼烟燃得那么慌张，那么不知所措。偏偏这一次冲天而起的狼烟，并没有唤来应该派兵过来保护国都的诸侯。

骊山脚下，周幽王甚至来不及仰天长叹，就毙命在凶悍的犬戎马下；美貌倾国的褒姒则乘坐在辘辘远去的马车里面，间或伸出纤纤玉手挑起马车的窗帘，她看到的是帘外骑在马上得意非凡的犬戎首领。

## ◆ 人尽可夫

在《古文观止》里，有一篇很有名的文章，叫《郑伯克段于鄢》，里面讲了一个兄弟相残的故事，里面的主人公叫郑庄公，很是奸诈，他设计消除了弟弟共叔段的谨慎之心，故意养虎，一方面显示自己的宽容，一方面加倍增大共叔段的罪恶，最后利用民心向背，一举击溃了共叔段的军队。

这个故事涉及一个人，叫祭仲，故事里只出现这一位大臣，从这里我们可以看出祭仲在郑国的地位举重若轻。实际上，在该则故事里，祭仲出场后只说了一句话，他在共叔段扩大其封邑"京"的规模的时候，向郑庄公上书道："京大于国，非所以封邑也。"

实际上祭仲在郑庄公死后，就把持了郑国国政，甚至国君的废立都由祭仲说了算。后来，祭仲被宋国诱拘，受宋国要挟，立了郑厉公为郑国君主。自然，郑厉公成了祭仲的一个傀儡。

郑厉公很快不满意了，厉公四年，郑厉公策划杀掉祭仲，他找了一个帮手，叫雍纠。雍纠不是一个普通人，他是祭仲的女婿！我们今天很难知道，为什么郑厉公会找一个女婿去杀自己有权有势的岳丈，但郑厉公确实这么做了，所以才有了接下来的这则故事。

雍纠接到这个任务后，心中忐忑不安，面色慌张，晚上回到家长吁短叹，被老婆缠住不停地发问。雍纠最终没能保守住这个秘密，他居然把这个计划告诉了他的老婆！

他的老婆也吓坏了，她不知道怎么办。于是，她去请教自己的母亲。她问母亲："父亲和丈夫谁更重要一些呢？"

母亲回答说："父亲只有一个，而丈夫，只要你愿意，每个男人都可以成为你的丈夫！"

这真是历史上万分经典的一问一答。不用说，这番话传到朱熹这些道学家的耳朵里会被骂成什么样，即使放在现在这个时代来看，这个母亲的回答也足够让人瞠目结舌。但瞠目结舌归瞠目结舌，这个母亲的话还真是让人挑不出毛病。不过，这番话要是让祭仲听到了，他该是要气坏了吧。

所以她的女儿就听了她母亲的话。她就把雍纠的这一重大秘密透露给了她的父亲。

祭仲这时候可是执掌了郑国的朝政的人啊，居然有人敢在太岁头上动土，并且这人还是自己的女婿！他焉能不气？他很快采取措施——抓捕雍纠。

等雍纠还在被窝里呼呼大睡呢，这场"阳谋"就夭折了。祭仲并没有偷偷地处决自己的女婿，更没有给他半点情面，他选择了在菜市口当众斩了雍纠，告诉了天下人：顺我者昌，逆我者亡。

祭仲的这一举动很显然是要做给郑厉公看的。郑厉公很识趣，在恨恨地埋怨了雍纠一顿之后，他逃亡到了郑国的边邑栎，从此开始了17年的流亡生活，郑厉公最终又想了办法复位，不过这是后话，不提，单说一下他埋怨雍纠的那句话："谋及妇人，死固宜哉！"

郑厉公在这里把所有的责任一古脑全部推给了雍纠的妻子，其实这也不对，你郑厉公相信雍纠，你才让雍纠参与这一阴谋，那么，雍纠最后把秘密透露给了别人，这证明了不是雍纠的妻子不可信，而是雍纠本人就不可信。所以，你郑厉公能怪谁呢？还是怪你自己眼光不足吧！

爱，在这故事里的两个女人眼里，是那么的混乱。那个说"人尽可夫"的女人，居然站在二千五百年前，隔着历史长河，与我们对望……

### ◆ "宠儿"重耳

晋献公有 9 个儿子，其中以太子申生、重耳、夷吾最为贤能。晋献公因为宠爱骊姬，最终因为继承人问题使晋国陷入长期内乱之中。重耳因为这一内乱，被迫从 43 岁时以公子身份开始了长达 19 年的国外流亡生活，这样的经历在中国历史上可以说是独一无二。

重耳能最终实现梦想，与他身边的人分不开。他喜欢招罗门客，17 岁的时候，身边就涌现出了 5 名贤士，其中就有赵衰和魏武子二人，此二人万勿小觑，他们就是后来"三家分晋"中的其中二家赵国和魏国的祖先，而"三家分晋"这一著名历史事件，也成了历史上划分春秋时代和战国时代的分界线。

重耳在流亡生涯中，到过很多国家。

有的国君对待他很不礼貌，因为他们绝不相信一个过了知天命年龄的人还能有机会登上王位。比如曹共公，他假意盛情款待重耳，继而晚上在重耳洗澡的时候他去窥视，因为他听说重耳天生异相，身上长着"骈胁"，他想百闻不如一见！

有一点很有意思，那就是不礼遇重耳的国家，多是小到不行的国家，当时的几个大国对重耳却是恩遇有加。比如齐国、楚国和秦国，皆以诸侯之礼相待。这些大国看重重耳的原因有一半是因为重耳身边的贤能之士。比如，在楚国将军子玉要杀掉重耳的时候（重耳可以说是睚眦必报的人，后来逼迫子玉自杀），楚怀王说过这么一句话：

　　"晋公子贤而困于外久，从者皆国器，此天所置，庸可杀乎？"

　　"国器"的意思就是可以辅佐一个国家的人，我们可以看到这些"国器"的眼光很"独"，也很"毒"，他们甘愿追随重耳流亡长达 19 年之久，并不言弃。除了这些人的支持与鼓励以外，重耳在流亡过程中，他的女人们也给了重耳莫大的信心。重耳是一个幸运的重耳。

　　重耳最早待的地方是狄国。狄国在讨伐咎如国的时候，俘虏了两位姑娘。姐姐嫁给了重耳，妹妹嫁给了赵衰。重耳这位老婆给他生了 2 个儿子。重耳实际上自己都感觉自己的前途渺茫，对自己没有信心，正因为如此，所以他极其容易满足。他在狄国这样的小国一待就是 12 年，估计如果不是此时继位不久的晋惠公（即夷吾）怕自己王位不稳，派人来狄国刺杀重耳，重耳仍不会离开狄国。

　　在离开狄国之际，重耳并没有想到把老婆给带走，而是对老婆说："我要走了，你在狄国好好等我，如果等我 25 年，我还没有回来，你就改嫁了吧。"说这话的时候，重耳是 55 岁，等 25 年，重耳就是 80 岁，重耳够狠的。然而他的老婆也贤惠，并没有缠着重耳要随军，而是笑着回答重耳说："我要是真的等 25 年，我坟墓上的柏树早就长得很高大了，不过只要我不死，我仍会等你的。"从这句话可以看出，她对重耳期望并不大。不过，重耳确实是一个石碌碡，不推不走，她其实并没有看错重耳。

　　离开狄国后，重耳来到了齐国，齐桓公对他极好，不仅给了他 12 乘兵马，而且挑选了一个宗室女嫁给了重耳，重耳爱死了这个老婆，重耳又一次满足了，这一次，他在齐国待了5年。事实上，齐国也不会轻易放重耳离开，毕竟，重耳也是一个重要的政治筹码。如果不是齐国的这位公主最后都对重耳的满足的样子看不过去了，重耳也许真的就这样在齐国过一辈子，说不定，还会在齐国的某次内乱中死去（因为齐桓公在重耳离去的第二年就死了，齐国不复往日雄风）。

重耳60岁的时候，发生了这样一件事情。因为重耳迷恋于齐国不走，赵衰、咎犯这些人就在一棵桑树下谋划如何逃出齐国。不想隔墙有耳，这几个人也真不小心，自以为计谋得很秘密，没有想到，那天那棵桑树上面还躲着一个人。那个人是个采桑女，当时就在桑树上工作，她也并非故意偷听，怪就怪赵衰这几个人太不细心，就让这位采桑女无意中就听到了这个秘密。

采桑女知道这个消息很秘密，于是就报告给了自己的主子齐女。没想到报告错了人，这位齐女的心并不向着齐国，而是向着她的老公，她杀死了这位采桑女，并且催促重耳赶快离开齐国。

不想重耳在齐国这个温柔乡住得有些乐不思蜀了，他说："我这辈子还求什么呢？有你陪在我身边我就知足啦。不要劝我走了，我打算长眠于此了。"

齐女脸色阴沉下来，她说："你别忘了自己的身份，你是晋国流亡在齐国的公子，你不是齐国的公子，你在齐国不会有人重视你。况且如果你一个人流亡在此也就罢了，你的身边跟随你这么多年的人，你要对得起他们啊，你怎么能这么没有志气呢？只顾着贪恋美色，我都替你感到羞耻啊。你现在都60岁了，如果此时你还不去努力，你想天上掉馅饼吗？"

重耳充耳不闻，涎皮笑脸，仿佛没有听见。

于是齐女就和赵衰这些人商量方法，最后决定灌醉重耳，趁他酒醉拉他上路，逼他离开齐国。方法实施了，重耳醉得厉害，直到马车轱辘轱辘走了很远他才醒过来。醒来后，重耳虽然很生气，但也没有办法了，只好在心里暗暗和齐女告别了。

如果重耳没有这两位贤惠的妻子，大约他是做不成后来雄霸一时的晋文公的。


## ◆ 一曲《凤求凰》

这是司马相如和卓文君的故事，这是才子与佳人的故事，这样的故事，怎么读，感觉都是好的；这是一个穷酸秀才和一个富家女的故事，这一故事成了后代许多小说家的经典教科书。

司马相如很有才华，打小就给自己树立了一个人生方向，那就是做一个像蔺相如一样的人。其实他本名叫犬子，因为要学习蔺相如才改名的。蔺相如很有才学，他是经典故事"将相和"中"相"的主人公，有着"先国家之急而后私仇"的胸襟，成为了后代文臣的典范。蔺相如出身卑贱，曾是赵国一个宦官的门客，在出身这一点上，司马相如与之很像。司马相如家里很穷，《太平御览》卷七三记载，当年司马相如离开家乡，远赴长安，路经升迁桥（升迁桥在成都县北十里），在桥柱上题写了一句话，表现了自己的决心与志气："不乘驷马高车，不过此桥。"不是一个穷怕了的人，是不会题写这种话的。

司马相如是个率性之人，从这一点上来看，他并没有真正将蔺相如学到家。蔺相如能忍，即便在人所鄙视的宦官门下，他也不在乎，蔺相如坚信是金子总有发光那一天。而司马相如就不行了，他来到长安以后，做了汉景帝的武骑常侍。但非常不幸，他得不到赏识。

为什么司马相如这么抑郁？《史记·儒林列传》这么记载道：

"孝惠、吕后时，公卿皆武力有功之臣。孝文时颇征用，然孝文帝本好刑名之言。及至孝景，不任儒者，而窦太后又好黄老之术，故诸博士具官待问，未有进者。"

归纳起来，原因有二：第一，汉建朝以来，屡有动乱，做高官的往往皆是武将出身，汉朝有这么一个崇武轻文的传统，比如汉文帝就把贾谊这么一位有才华的人贬到长沙去了；第二，汉景帝的母亲大人窦太后憎恶儒学，爱好黄老学说，所以直接影响到汉景帝的用人政策。

并且此时发生了这么一件事情，更加加固了司马相如离开朝廷的决心。窦太后因为喜爱《老子》，于是找博士辕固过来讨论《老子》，辕固说："《老子》这书，也就是在家里无聊的时候谈谈罢了，我不想在这里讨论。"窦太后这个瞎眼老太婆很恼火，说："没有《老子》，哪来你们这一帮混蛋读书人！"她看辕固这般伶牙俐齿，就下命令把辕固扔到了野猪圈里，说："野猪也是伶牙俐齿，你有本事你就和野猪斗去！"汉景帝闻讯过来赶紧扔给辕固一把匕首，辕固这才幸免于难。这一件事情说明了汉景帝并非不想起用文人，只是瞎婆子的威慑力实在太大。

于是，司马相如决定出走。此时，恰好诸侯朝请，梁孝王来的时候，身边带了一群饱学之士，比如邹阳、枚乘、庄忌夫子、羊胜、公孙诡等。梁孝王也是窦太后的儿子，并且极得窦太后喜欢。诸侯朝请之后，按规定，要立即离开京城，回到自己的封地，但梁孝王上疏请求留在京城，梁孝王停留京城的理由就是要侍奉窦太后，因为窦太后极喜欢梁孝王，于是汉景帝就允许他留了下来。梁孝王的待遇非常之高，他能和哥哥汉景帝同车坐着。他的随从也可以出入天子殿门，和汉朝官员的待遇一样。也正是这样，司马相如有机会同这帮饱学之士打成一片，在梁孝王最后归国的时候，司马相如推说自己有病，辞官不做了，跟着这一帮人浩浩荡荡地去了梁国。司马相如跟随梁孝王是否还有别的原因？我们现在很难推测，但是依照当时的状况来看，一旦汉景帝死后，梁孝王是极有可能继承皇位的，而司马相如是否也怀着一点私心呢？

我们不去妄加揣测，反正司马相如从此做了梁孝王的门客，他在梁国呆了六年，在这六年里，司马相如写出了后来改变他一生命运的《子虚赋》这一篇大赋。他在梁国呆的第六年，梁孝王死了，正所谓"树倒猢狲散"，梁孝王死后，门客散尽，司马相如不得已回家了。

回到家后，司马相如无所事事，整天闲在成都的家里。此时，恰好司马相如的一个老朋友王吉做了临邛令。王吉听闻司马相如在成都，于是就邀请司马相如赶赴临邛去拜访他。

临邛是个好地方，这里盛产铁矿，极为富庶，富户很多。司马相如并不是个不为未来打算的人，他去临邛了。司马相如听说临邛第一富户卓王孙家的女儿卓文君刚刚死去丈夫，于是就着意把卓文君娶到手，我们且看他的手段。

暴发户们通常喜欢招致有才有权之士来家里做客，借此炫耀自己的威风，卓家作为临邛第一富户，自不能免俗。

于是第一步，司马相如要把自己搞出名声出来，然后就能够被卓王孙邀请成为他们家里的客人了，只要能做卓家的客人，一切就好办了。

司马相如让临邛县令王吉给他唱双簧。王吉每天都去司马相如那里拜访，司马相如一开始还愿意接见，后来就干脆闭门谢客，自己不再出来，只让自己的随从出来谢绝王吉。司马相如越是闭门谢客，王吉还越是恭敬。其实司马相如哪里还有钱请随从？一切都是王吉暗中帮忙。

"司马相如是何许人也，怎么敢让县令每天都吃闭门羹？"临邛的富贵人家都为这么一个突然冒出来的人物吓傻了。"既是如此贵客，那自然不能让别人先请到家里去。"卓王孙自然当仁不让，于是他马上开始设宴，请帖直接送往司马相如的客舍里。

司马相如接到请帖后，在客房里窃笑。第一步宣告成功。

等到设宴的那天，中午之前，百来位客人都在卓王孙家坐好了，只等主人一声令下，便举筷吃酒。只是，主人迟迟未能下令开席，因为，这次宴席的第一主角司马相如还没来。百来位客人在宴席上开始敲碗了，边敲边议论纷纷："司马相如……司马相如……"只差没把司马相如当成钦差大人。

王吉也在座中，王吉一看，得，我来出马把尊贵的客人请过来吧，不能让卓王孙没有面子啊。于是在中午时分，王吉赶往司马相如住下的旅馆，司马相如半推半就，就过来吃饭了。

司马相如当然不会单枪匹马过来吃饭。他从旅馆出发的时候，自己坐在马车里面，身后跟着一帮随从，击锣打鼓，喧声震天。引来市集无数人围观。排场大极了，热闹极了。当喧哗的车队来到卓王孙家的时候，卓王孙也想，这也太有面子了，这人我没有白等，值！等到司马相如落座后，席间一番唇舌，就把众位客人惊呆了——哇，这等有才！卓王孙又想，这人我没白请！这一下，连卓王孙的女儿卓文君也听说了这么威风的一个司马相如，于是在闺房里坐不住了，就偷偷躲在屏风后面关注着这个小伙子。

吸引卓家人注意，尤其是卓文君注意。第二步又告成功。

宴席上，临邛县令王吉献给司马相如一具琴说："我听说司马长卿擅长弹奏音乐，我们方才听您长谈已自倾倒，还望您能弹奏一曲，饱我等耳福。"司马相如又是半推半就，最后"勉为其难"地弹奏了一曲《凤求凰》。这一次，醉倒的不是众位客人，而是屏风后面的卓文君。卓文君听懂了这首曲子里面所包含的浓浓情意，卓文君已经不可遏制地爱上司马相如了。

宴会后，已是夜深。司马相如在买通卓文君的丫鬟之后，卓文君与司马相如一起私奔了。他们连夜赶往司马相如的老家成都。司马相如成功地做了卓家女婿，计划完成。

司马相如的这一行为为许多后人所诟病。如颜之推在《颜氏家训·文章篇》中批评司马相如道："司马长卿，窃訾无操。"这是在批评司马相如没有道德操守，为了取得钱财而不择手段。

在我看来，司马相如这种求富的心情是可以理解的，在汉朝社会，穷光蛋是没人搭理你的，纵有满腹经纶有时也无可奈何。司马相如在这时仍未成名，昔日赖以成名的梁孝王死后，他就只有依靠自己了，这需要钱财支持。这种成名方法是有先例可援的。西汉开朝元勋陈平正是利用这一手段成名的，并且仔细研究一下，司马相如的这一手段几乎完全效仿陈平。司马迁在评论陈平的时候，并未谈及此事，而只是盛赞其"知谋"，并最后在汉初动乱之际能依靠自己的智谋在丞相任上"善始善终"。可见，司马迁本人并不鄙视这一行为。

但终究，司马相如的这一行为是不光彩的，可惜他不是预言家，他如果知道在不久的将来，他的《子虚赋》会被当朝皇帝阅读，他断然不会使用这些手段，于是我们现在也不会见到司马相如和卓文君的故事了。

汉武帝即位后，汉武帝在一次偶然机会读到了《子虚赋》这篇文章，读后击节称叹："啊，写得好啊，我恨不能和这篇文章的作者生活在同一时代！"如果当时陪同汉武帝读书的太监不是四川人的话，司马相如就会被历史所遗忘。那个太监叫杨得意，正是司马相如的老乡，他对汉武帝说："啊呀，陛下，这篇文章的作者就是我老乡啊！现在还活着哪！"司马相如从此得以平步青云。

卓文君未必是个好老婆，作为一名合格的妻子，她应该帮助司马相如整理文集才对，而不是在司马相如死后，汉武帝派人去她家里问时，卓文君回答说："我夫君的文章存不下来，往往是一写完，就被别人取走了。"这不是一名妻子应该说的话。因为汉武帝在这个时候都知道要给司马相如弄一本文集出来，卓文君却毫不在意。

司马相如与卓文君两个人之间的爱情，抛开司马相如的不良动机不讲，我想，这应该还算是一桩美满的婚姻，因为司马相如毕竟是个文学才子，卓文君毕竟是个美貌佳人，并且他们婚后不会因为经济问题而烦恼，应该是很幸福的吧。

◆ 骊姬之祸

春秋时代，晋国是强国，尤其晋文公重耳更是作为春秋五霸之一永远名垂青史。晋文公成长为一代名君，离不开当年一直追随自己的几位异姓大臣的辅佐，如赵衰、先轸、魏武子等人，但成也是他们，败也是他们，后来晋国分裂为韩、赵、魏三国，即与他们的后代篡权有直接关系。反过来看，晋国也是春秋几大国之中唯一分裂的国家，这里面肯定有值得探究的地方。

晋文公的父亲是晋献公，晋献公的父亲是晋武公，又被称为曲沃武公，曲沃武公本是晋国公子，领兵灭掉了时任晋国国君的晋侯缗，然后贿赂周天子，取得了名正言顺的晋国国君的位置。曲沃武公当了二年晋武公就过世了，晋献公继位。晋献公很自然就注意起晋国公子的问题，自己是作乱得来的王位，可不能被别人夺去了。

此时，一个叫士蒍的大臣揣摩到了晋献公的想法，进言道："晋国如今这么多公子，不杀的话，恐怕很快就会作乱的。"晋献公就杀光了自己的叔伯兄弟，虽说也跑了几个，但已经不影响大局了。只是晋献公怎么也没有想到，自己的举动既埋下了日后晋国分裂的种子，又不能保证晋国从此安定下来。虽然自己的叔伯兄弟不能和自己争夺晋君的位置，但是他的儿子们却彼此争夺王位，在他去世以后晋国十几年间陷入了不稳定的局面。

晋献公有八个儿子，其中太子申生、重耳和夷吾是最为贤能的。如果晋献公死后，顺利传位给太子申生，自然谁都没有话讲，晋国也不会有内乱。坏就坏在晋献公在一次攻打骊戎的时候，得到了骊姬和她的妹妹这两位大美女，晋献公超级宠爱她们。七年后，骊姬生了儿子奚齐，在骊姬长期吹的枕边风下，晋献公有意废除太子申生，立奚齐为继承人，于是把太子申生调离国都到了曲沃，美其名曰保卫先祖的宗庙，同时又把重耳和夷吾调到了晋国的边疆地区，让这最得人心的三人离开了权力中心。

在《庄子》里面，庄子用调侃性的语言记叙了晋献公得到骊姬这件事，说骊姬刚刚入宫的时候悲伤地大哭，不愿意顺从晋献公，但很快就被晋国王宫内奢华的生活所陶醉、折服，于是便开心起来，不再悔恨来到晋国。庄子说话总是半真半假的，也许这是真事，只是一个人如此容易被物质生活所打动，迷乱心智，骊姬虽然是庄子眼中的大美女，也只能作为调侃的对象。

骊姬不光虚荣，在《史记》里，还虚伪恶毒，正是她亲手导演了此后的晋国的内乱，这一场灾难称之为"骊姬之祸"是毫不为过的。骊姬眼看着晋献公一天天变老，急着扶正自己的亲生儿子奚齐为太子，她在晋献公的面前又哭起来："申生作为你的继承人人所共知，他又几次带兵打仗，很得民心，你怎么能废掉他而立我的儿子呢？你真这么做，我只能自杀了！"表面上她在晋献公面前老夸赞太子申生，暗地里却不断让人散播着太子申生的坏话。于是这给晋献公心中留下了一个骊姬特别大公无私的假象。

不久，骊姬去找太子申生，告诉他："昨晚我梦到了你母亲，你赶快去曲沃祭祀她，然后将祭肉带回给你父亲吃。"太子申生照着骊姬的话去做了，他将祭肉带回来的时候，晋献公正在外面打猎，于是就放在了宫里，不想骊姬命人在祭肉中偷偷放了毒药。

晋献公打猎回宫，正准备享用祭肉，骊姬却从一旁制止了他，道："祭肉远道而来，应该测试一下有没有问题。"晋献公命人割了一块扔到地上，地上鼓起了包；给狗吃，狗死；给侍从吃，侍从死。晋献公看到祭肉如此剧毒，正怒不可遏，骊姬又在一旁添油加醋道："太子怎么这么狠心呢？自己的父亲这么一大把年纪，他就连这么一点时间也不愿等待！连父亲都要杀害，更何况我和奚齐呢？希望你早点把我们母子送出晋国，不要在这里白白地被太子杀害！一开始你打算要废掉太子，我还劝你不要这么做，到了如今这一步，我才看清太子是个什么样的人啊！"

太子申生听说了这一消息，知道灾难就要临头，就逃到了新城，晋献公的怒火无处发泄，于是杀死了申生的老师杜原款。太子身边的人劝说他道："放毒的人是骊姬，又不是你，你为何不向你父亲申辩清楚呢？"太子道："我父亲老了，如果没有了骊姬，吃不好，也睡不好。我如果说明了真实情况，父亲怎么面对骊姬呢？我不能那么做。"又有人劝太子既然不想说明实情，就应该逃亡他国以避乱，但又被太子拒绝了，他说道："我背负着毒害父亲的名声逃亡，谁肯接纳我呢？我去了别的国家，晋国就一定会攻打这个国家，不是徒然给别人带来负累吗？我也不去别的地方，我要死在晋国。"申生真的就在晋国的新城自杀身亡。

骊姬下一步的目标就是杀死晋献公另外两个很得人心的儿子重耳和夷吾。这时恰逢二人来都城朝拜。骊姬就散播他们的坏话："申生在祭肉中下毒，重耳和夷吾也都参与了。"二人听了这一消息，赶快逃跑回了各自的封地，开始了他们的流亡生活。

然而，即便眼前似乎扫清了儿子奚齐登基的障碍，但最终的结果仍旧没有沿着骊姬铺的道路去走。晋献公死后，大臣里克随即杀死奚齐和骊姬，此时晋献公还未下葬，真可谓尸骨未寒了。骊姬不走正道，即便一时似乎看起来得利，但终于还是事败亡身。

重耳和夷吾在决定是否流亡这一点上与申生的人生观大不一样，结果是申生毫无意义地死了，而夷吾和重耳先后当上了晋国的国君。从后来的史实来看，当时愿意接纳重耳的国家比比皆是，反推之，当时如果申生选择逃亡，一定会有国家接纳他，特别是近邻秦国，一定愿意承担这样的政治风险，因为，一旦押注成功，申生当上了晋国国君，给秦国带来的回报那是不可等闲视之的。

第二章

《史记》中的

难言恨

漫漫人生长路，一个人不如意的事十之八九。李太白有诗道："行路难，行路难。多歧路，今安在？"一个人的人生会遇到多少坎坷波折，会遇到多少歧路。每逢重大的人生关口，一个人会做出怎样的抉择呢？有的人迷惘，有的人坚定，但不论是谁，不论采取哪一种态度，每一个抉择，都会影响其一生。

　　有的抉择是人生的一味佐料，让人生更加丰富多彩；而有的抉择一旦作出，不可逆转，绝无后悔药吃，人生将彻底改变，这便带来人生的极大遗憾。

　　这一章节就是来咀嚼回味《史记》中那些值得我们反思的各种憾事。

## ◆ 郤克之恨

一个人如果身体残疾，但他能够久居高位，证明了他很有能力；同时，这个人的自尊心接受不了别人对他身体缺陷的耻笑，他的地位越高，他的自尊心也就越强。但这个世界就是这么奇怪，总是有那么一些无聊之人，把自己的快乐建立在别人的痛苦之上，肆意地耻笑身体有缺陷的人。其实，如果是没什么文化的人做出这等事情，也就罢了，但历史告诉我们，事实远不是这么回事。我们熟知的一个事例就是"晏子使楚"的故事，作为一泱泱大国楚国的国君，他居然会耻笑晏子的个头矮，并且其言辞带有极具辱骂的意味，他要晏子"钻狗洞"！好在晏子机智过人，最终让楚王自取其辱。

而一个口才没有晏子好的人，受到耻辱之后，他就只有默默承受了，比如这则故事里的郤克。

齐顷公六年的春天，有三个国家的使者来齐国拜访。这三个国家的使者分别来自晋国、鲁国和卫国。但这三个国家的使者都有身体缺陷，晋国的使者是个驼背，鲁国的使者是个跛子，而卫国的使者是个瞎子。其中晋国的使者就是郤克。

齐顷公"特意隆重"地接待了三位使者，他派了个驼背来做晋国使者的引导员，派了个跛子来做鲁国使者的引导员，还派了个瞎子来做卫国使者的引导员。实际上这还情有可原，毕竟一个国家的使者代表着一个国家的形象，代表着出使国对被出使国的一种态度、看法，所以一般的使者都是能言善辩，且相貌堂堂。齐顷公可以因为这三个国家的使者理解为这三个国家不重视与齐国的关系，那么齐顷公派遣三个一样残疾的人接待他们，就成了一种正常的外交方式，这无可厚非，想来郤克他们也不会因为这个而感到恼怒不堪。

真正让郤克他们恼怒的是齐顷公做的另一桩事情——齐顷公让他的母亲在楼上观看这一"壮观"！尽管是躲在帷幕里观看，表面上不让三国的使者看到，但这实在不是齐国国君应该有的做法，不过，如果这三位使者没有发觉有人窥视也就罢了，但很不幸的是，齐顷公的母亲笑出了声。齐国的国母应该仪表天下才对，居然会笑出声！

郤克的脸已经涨成了朱紫色，他暗暗攥紧了拳头，这份耻辱他暗记心头。

在出使的归途，郤克横渡黄河的时候，在船上发下誓言，说："河伯见证，我必报此仇！"

回国后，郤克见到晋景公，请求讨伐齐国。晋景公问为什么，郤克把自己和别国的使者在齐国受辱的事情一五一十地全都告诉给了晋景公。晋国距离齐国远着呢，所以晋景公拒绝了郤克，说："这是你的个人恩怨，怎么能抬到国家层面上来呢？"这时，齐国不知死活地派遣了四名使者来到晋国来向郤克道歉，郤克把他们全部拖到黄河边杀了，使者都变成了死者。

俗话说，两国交战，不斩来使。这样一来，仇恨就算是埋下了，这场私人恩怨也就演化成了国家间的恩怨。而此时，晋国的执政大臣魏文子退休后，大权落入到了郤克的手里。

过了一年，晋国讨伐齐国，齐国最后不得已把自己的太子送给晋国作为人质，晋国这才作罢休兵。

又过了两年，在春天的时候，齐国讨伐鲁国和卫国。鲁国和卫国皆是小国，于是赶紧派遣使者去往晋国搬救兵，晋国很快答应出兵。为什么鲁国和卫国的使者要向晋国求救兵、而晋国又那么爽快答应？都是因为齐国国母的那一笑。

郤克亲自出马，率领八百乘车马奔赴战场，一路奔波，六月份的时候，郤克终于来到了战场。没想到，齐顷公是御驾亲征。古时的一辆战车叫一乘，上面通常坐着三个人，中间的人一般是御者，专门司职赶马，他的左右各有一个手拿武器的甲士。但国君或统帅的兵车又稍有不同，一般处在中间的是国君或统帅，左边的是驱赶车马的人，右边是护卫，齐顷公的护卫名叫逄丑父。

双方会战的时候，齐顷公踌躇满志，鼓动他的部下喊道："大家冲啊，击败晋军之后，我们一起吃饭！"

齐顷公的鼓动很有效果，齐国士兵异常拼命，这场战斗非常激烈，郤克中箭了，郤克流了很多的血，从上身一直流到脚部。郤克在马车上觉得站不住了，就对驾驶他马车的人说："我们避避风头吧，我受重伤了。"

郤克的御者说："将军，这是我第二次在战场上了。之前我受了重伤，我回去包扎了一下，马上又回到了战场，回来后我又被乱箭射中了，但我一直没有说，我怕自己说了，马车后面的士兵就会害怕了，所以我一直忍着。希望将军您也忍忍。"

于是。郤克抖擞精神，号召士兵继续冲锋陷阵。晋国士兵们看到郤克浑身是血，却仍然坚持不肯退缩，他们也充满了斗志。战争发生了戏剧性的变化，晋国军队后来居上，全面压制住了齐国军队。

齐国军队开始溃退。

齐顷公的侍卫逢丑父一看形势不对，担心被晋国军队活捉。于是逢丑父想了一个办法，那就是和齐顷公互换了身上的衣服，并且交换了二人在车上的位置，也就是说，两人换了身份。

齐顷公的这辆兵车开始夺路狂奔，如果顺利的话，后来兵车也就不会被活捉了，不巧的是，兵车在狂奔的路上车盖挂在了田野中的树上，这下子跑不了了。晋国的军队一直在后面盯着呢，车上的三人都知道没有逃跑的希望了，就索性在车上坐着等晋军到来。

晋军很快追上来了，领军的是小将韩厥（他就是后来韩国的祖先），韩厥来到齐顷公的马车前，跪下，说："不是小人要抓您，实在是因为我们国君要拯救鲁国和卫国啊，没想到把您给活捉了，还请您原谅。"韩厥倒很会戏弄人，这终于舒了郤克积郁数年的一团怒火了，但古代又没有照片，娱乐业又不发达，韩厥哪里见过真正的齐顷公啊，所以这番话讽刺错对象了。

齐顷公（实际上是逢丑父）叹了一口气，说："败军之将，不敢言勇。只是这场战争太激烈了，我口干舌燥，在把我俘虏前，让我喝口水吧。"

韩厥想都没想，就答应了，都把对方的一国之君齐顷公抓到了，他一个小小的要求就满足了吧。

于是逢丑父让齐顷公下车去给他找水，齐顷公"依依不舍"地和逢丑父道别之后，就如神行太保一般，一溜烟地跑到了溃退的齐军之中。

郤克在后方听说前军活捉了齐顷公，兴奋得脑袋都要炸了，他决定要好好地羞辱齐顷公一番。等到郤克大军来到了齐顷公的兵车前，郤克一看车上这个穿着齐顷公衣服的人，就知道了，这哪里是齐顷公啊！他是见过齐顷公本人，齐顷公就是化成灰估计他也认识。

邰克很是郁闷，满腔兴奋地换来个假冒的齐顷公，能不郁闷嘛。他质问那个人说："你是谁？你们的国君去哪里了？"

逢丑父说："我叫逢丑父，我和我们国君互换了衣服，我们国君早就回到齐国军队中间去了。"

邰克恨得直咬牙，一时间青筋暴露，热血一齐涌上脑袋，下令马上杀掉逢丑父。逢丑父说："我是代我们君王死的，假如你们真要杀死我，恐怕天下从此再也没有忠臣了。"

邰克虽然恼怒，但对逢丑父这一行为确实十分钦佩，他一想，齐顷公终究是跑了，现在杀一个无关紧要的人没什么用处，况且不杀掉他还能增加自己的美名，还是不要杀了吧。于是就下令把逢丑父释放了。


◆ 燕王哙之恨

燕易王在位的时候，燕国曾经大乱，这都源于一个苏氏家庭。

历史上的苏氏家庭赫赫有名，苏家出了三个能言善辩的人，当时称之为纵横家，这兄弟三人分别是苏秦、苏代、苏厉。

苏秦是极有才华的人，传说曾在鬼谷子门下求学，与同是著名纵横家的张仪是师兄弟。怎么有才华呢，我们举一个例子。

苏秦后来在燕国极为得宠，一人得宠自然有百人谤之，当时很多人都在燕易王面前批评苏秦是个墙头草，朝三暮四，靠嘴巴吃饭，靠不住，会造反的。苏秦害怕被杀，于是就求见燕易王，在燕易王面前说了非常精彩的一段话。

苏秦首先说自己是个"忠信"之人，进而举了三个例子证明了"自古以来，忠信之人往往得罪人"的论点，他运用了假设法，他询问燕易王道："如果像曾参这样的孝子、伯夷这样的廉直之人、尾生这样的信士来侍奉大王，您高不高兴？"

燕易王道："如果真是那样，那就太好了。"

苏秦道："那大王您想想，曾参如此孝顺，从不曾擅自离开母亲而独宿于外，他会从鲁国远道而来侍奉您吗？像伯夷这样的廉直之人，不肯继位为孤竹国君，不肯成为周武王的臣子，拒绝接受封侯坚决饿死在首阳山下，您说他会不远千里地来侍奉您吗？像尾生这样讲求信用的人，和女子相约在桥下见面，女子迟迟不来，而水位不断上涨，他宁愿淹死也要坚守信用不离开，您说他可能不远千里地来侍奉您吗？"

燕易王沉吟不语。

苏秦就接着说道："自然不会，他们不来，不就得罪了您吗？这就是我所说的忠信之人往往得罪于人的意思。"

燕易王反驳道："你这是假设，难道真有忠信之人还得罪别人的事情吗？"

苏秦脑袋转得很快，他给燕王又讲了这么一个故事："我听说有一个人在外面做官长久不回家，他的妻子就和别人私通了。后来女人听说他丈夫近期要回家了，那个奸夫就担忧以后不能和女人再继续苟合了。女人劝奸夫不用担心，她说：'一等我丈夫回家来，我就在酒中下药毒死他，以后我们两个人就可以长久在一起了。'过了三天，女人的丈夫果然回来了，女人按照计划，让丈夫的妾端了一杯毒酒给丈夫喝，妾心肠很好，她知道如果把毒酒的秘密告诉面前这个可怜的男人，他肯定会休掉他妻子；而如果她不告诉这个可怜的男人的话，那他就会被毒死。于是她自己假装失足摔了一跤，毒酒全洒了。结果丈夫大怒，狠狠地鞭打了妾50下。燕王，您说这个妾她不忠信吗？而最后却落到了这个下场啊。我对大王您也是这般忠心耿耿啊，希望大王明察。"

燕易王从此就信任苏秦了，苏秦死后，出于对苏氏家族的钦佩，燕易王也信任起了苏代。燕国的丞相子之看到苏氏大红大紫，于是和苏代结成了儿女亲家，意欲借助苏代之力达到其政治目的。

苏秦是死在齐国的，他去齐国的目的是做燕国的间谍，所以后来齐国知道了内幕，大怒，准备大举进攻燕国。燕易王此时已经死了，他的儿子姬哙继位，燕王哙害怕了，于是打算把太子送去齐国做人质，苏代随行，随之成了齐国的大臣。

苏代后来替齐国出使燕国，燕王哙仍然把苏代当成燕国派往齐国的情报人员，问苏代说："苏代，你说句实话，你觉得齐王能称霸么？"

苏代利索地说道："报告大王，那是绝对不可能的。"

燕王哙问道："齐国实力那么强大，怎么不能称霸呢？"

苏代回答道："原因不在别的，就因为齐王不能充分信任他的大臣。"明眼人都知道，苏代这是暗示燕王哙要让权于他的亲家子之。

燕王哙是个笨蛋，他真的听信了苏代的话，对子之开始了前所未有的信任，但仍未把所有大事决定权交给子之。子之给了苏代百金，让苏代替他周旋，务必要把燕国大权揽于手中。

苏代又找了一个叫鹿毛寿的人去劝说燕王哙道："我王不如把国家推让给子之。天下人都赞扬尧帝贤能，原因在于他要把自己的帝位推让给许由，许由不接受，这样一来尧帝既有了让位的美名，同时又没有失去天下。现在我王也可以效仿尧帝，我王把国家推让给子之治理，子之必然不敢接受，这样一来，我王就能有尧帝一样的名声，同时又不会失去国家了。"

鹿毛寿完全在这里胡说八道，但问题的关键是燕王哙居然就听信了鹿毛寿的谬论，他真的就把国家推让给子之管理。子之确然在口头上不肯接受，但燕王哙要让位于子之的消息已经传扬了出去，文武百官们又有哪个不敬畏子之呢？

紧接着，苏代又指使人在燕王哙面前说："大禹老了的时候，他选择了益作为他的接班人，然而大禹身边的大臣全都是大禹的儿子启的手下。等大禹死后，启率领他的一帮手下推翻了益，自己建立了夏朝。天下人都暗地里说大禹实际上是想传位给他的儿子，而不是传给益。现在我王说要把国事推让给子之管理，然而大臣们无不是太子的手下，这和当年大禹的做法有什么不同呢？"

昏聩的燕王哙继而把三百石以上官吏的任免权让给了子之。到了这一步，子之真正成了名虽不至而实归的燕王。

放下史书，怎不感慨历史上还会有这样的帝王！有这样的帝王存在，苏代之流何愁混不到饭吃？

燕王哙死后不久，中国出现了一位法家的代表人物，他总结了春秋战国这一段纷纭的历史，著了《韩非子》一书，阐述了中央集权制的重要性和必要性，他在该书里撰写了一篇著名论文《二柄》，里面有这么一段精辟的论述：

夫虎之所以能服狗者，爪牙也，使虎释其爪牙而使狗用之，则虎反服于狗矣。人主者，以刑德制臣者也，今君人者，释其刑德而使臣用之，则君反制于臣矣。故田常上请爵禄而行之群臣，下大斗斛而施于百姓，此简公失德而田常用之也，故简公见弑。子罕谓宋君曰："夫庆赏赐予者，民之所喜也，君自行之；杀戮刑罚者，民之所恶也，臣请当之。"于是宋君失刑而子罕用之，故宋君见劫。田常徒用德而简公弑，子罕徒用刑而宋君劫。"

这一段话讲君王统治大臣的最有力的两把武器就是"刑"和"德"，如果君王不牢牢掌握这两把武器，那么就无异于老虎失去了爪牙，老虎没有了爪牙，那就连狗都不如。并且韩非子还举了两个例子，一个例子是说田常作为齐国大臣本不该胡乱奖赏百姓，但他奖赏了，最后百姓都拥戴田常而忘了齐简公，所以后来齐简公被杀了，齐国也变成了姓田的人了；另一个例子是讲宋国的大臣子罕，他对宋国国君说："百姓喜欢被奖赏，那么奖赏的事您来做；百姓讨厌被刑罚，那么刑罚的事我来做吧，我愿意替您做这种得罪人的事。"结果后来宋国人都害怕子罕，都忘了宋国国君，宋国国君也被劫持了。

很快，燕国大乱，势力分成三派，一派是子之，一派是将军市被，还有一派是在齐国当人质的燕太子平。最后，齐国趁乱攻打燕国，燕王哙死，子之逃亡，市被被杀，在燕国濒临灭亡之际，太子平被百姓拥戴成为新一任燕王，他就是赫赫有名的燕昭王。

初唐著名诗人陈子昂有一首诗叫《登幽州台歌》，歌曰：

前不见古人，后不见来者。
念天地之悠悠，独怆然而涕下！

这首歌就是纪念燕昭王的。燕昭王即位之后，极力吸纳贤能之士，他修建了一座幽州台，在这座高台之上，他请来了乐毅等不仕出的将军谋士，过了20余年，燕国终于积蓄好了力量，联合其他几个国家，一举打败了齐国，甚至如果不是因为齐国当时出了一位奇才田单，齐国几乎遭到灭亡。

燕王哙在临死的时候，看到自己国家的亡国之状，应该是悔不当初吧。

### ◆ 楚灵王之恨

楚灵王是历史上鼎鼎有名的楚庄王的孙子。

楚庄王即史上有名的"不鸣则已，一鸣惊人"的著名君王，楚穆王死后，他接过父亲楚穆王的大刀，继续四处征战，扩张领土。随着势力的膨胀，楚庄王的野心也膨胀了起来。在楚庄王八年的时候，他驻重兵于周王朝国都之旁，威慑周朝。周定王非常恐惧，赶忙派遣使者去慰问楚庄王。这名使者叫王孙满，楚庄王意图取代周朝，于是"问鼎"王孙满，如果不是王孙满机智过人，最终劝服了楚庄王，楚庄王这一次很可能就会灭了周朝，历史将会改写。

楚庄王时期，楚国实力达到巅峰，此后开始逐步衰落。楚庄王死后，儿子楚共王即位，楚共王十六年，楚国与晋国之间爆发了一场战争，最终楚共王被晋军射瞎了一只眼睛。

楚共王有 5 个宠子，分别是公子招、公子围、公子比、公子皙、公子弃疾，但他们都不是原配夫人所生，楚共王在太子的确立问题上下不了决心，于是，他决定请祖先帮忙。他在祖庙里事先埋好了一块玉璧，然后让 5 个儿子轮番来庙里祭拜。

公子招在祭拜的时候脚跨过了玉璧；公子围在祭拜的时候跪下时手肘刚好处在玉璧的位置上；公子比和公子皙在祭拜的时候均远

离玉璧；公子弃疾当时还小，是被人抱入祖庙的，他在被按倒跪下时，膝盖恰好处在玉璧的位置上。

世事就是这么诡异，让人不可捉摸。楚共王的这次试验虽然并没有给自己一个确定的答案，但他的祖先已做出了答案，祖先让和玉璧沾边的3个儿子先后都做了帝王，公子招是楚康王，公子围是楚灵王，公子弃疾就是后来被伍子胥鞭尸的楚平王。

楚共王死后，楚康王继位，十五年后他死了，他的儿子郏敖继位，郏敖三年，他任命自己的叔叔公子围担任楚国的令尹。令尹相当于后来的太尉一职，主管军队。郏敖四年，公子围兵权在手，羽翼已成，他借助一次进宫探病的机会，用帽绳勒死了郏敖，继而诛杀郏敖的所有子女。公子围即位成了楚灵王。

楚灵王野心勃勃，上任伊始，便谋划称霸之事。大臣伍举替他策划召集诸侯会盟事宜。等到约定的那天，晋国、宋国、鲁国和卫国都没有参加会盟，意思显而易见，不承认楚灵王称霸。伍举这时候进谏道："桀为有仍之会，有缗叛之。纣为黎山之会，东夷叛之。幽王为太室之盟，戎、翟叛之。君其慎终！"虽然伍举这番话是在劝谏楚灵王勿步三代末代君王的后尘，但楚灵王自视为齐桓公第二的野心已经昭然若揭了。

其后，楚灵王展开了一系列的雷霆行动，意图震慑不服的诸侯。十一年，楚灵王讨伐徐国借以恐吓吴国。在徐国的乾谿，楚灵王驻扎下军队，他喜欢上了这个地方，舍不得离开了。在这里，他与一个叫析父的佞臣展开了一场对话。楚灵王问析父："齐、晋、鲁、卫都受有周朝宝鼎，你说现在我向周王索要，周王会给我吗？"析父答道："当年四国均与周王有亲，才得以受封宝鼎，如今天下臣服于我王，周王自也会惟命是从，难道还胆敢因为一个宝鼎而得罪我王吗？"楚灵王又问："我的先祖昆吾曾住在许地，如今郑国占有这块土地，现在我向郑国索要，你说郑国会给我吗？"析父答道："当然会给，周王都给您宝鼎了，郑国还敢不给您这块地吗？"楚灵王接着问："那以前诸侯都因为害怕晋国而纷纷远离我们依附晋国，如今我楚国之内，如陈、蔡、不羹三地，都堪比千乘之国，你说现在诸侯会不会怕我？"析父利索地答道："那还用说！"

楚灵王怎么也没有想到，在他得意洋洋的同时，楚国国内正在酝酿着兵变。楚灵王为求一己之名，多年来穷凶黩武，四处征战，楚国百姓承受着诸般名目的苛捐杂税，国内早已民不聊生。

公子比、公子皙和公子弃疾趁楚灵王不在楚国，在楚国发难，诛杀了楚灵王太子禄。

公子比自立为王，他任命公子皙为令尹、公子弃疾为司马，接着他派人赶往乾谿大肆宣传蛊惑人心的话："楚国现在已经有新的楚王了，楚国已经不承认楚灵王了，各位将士，能够离开楚灵王先回到楚国，可以继承自己原有的爵位和财产，如果一定要陪在楚灵王身边，那么将被剥夺他在楚国的所有权利。"

这番话在楚军之中引起了极度慌乱，很快，楚军军心涣散，绝大部分的将士都回到了楚国。楚灵王听到太子禄被杀的消息，又看到身边的军队分崩离析的场景，痛苦得如同一根木头从车上掉了下来。

楚灵王怎么也想不到，几天以前自己还意气风发呢，如今却落到如此下场！他心寒了。楚灵王身边的亲信劝他投奔大国以图后事，但楚灵王拒绝了，他灰心丧气地说："想当年我欺辱他们，如今他们怎么肯援助我呢？我不想自取其辱。"这样一来，楚灵王的亲信都离开了这个失落得已经扶不起来的君王。

楚灵王此时真的成了孤家寡人，他乘船偷偷回到了楚国，但不敢公开露面。他一个人彷徨在野外，遇到了从前的一个在宫中扫地的仆人，如今这个仆人也被赶出宫殿了。楚灵王有气无力地对这位仆人说："你给我弄一点吃的东西吧，我已经三天没有吃饭了。"仆人说："楚王啊，不行啊。第一，新王颁布法令，说如果有人胆敢收留您，就诛三族。第二，现在荒郊野外的，哪里弄得到吃的呢？"楚灵王就说："我实在走不动了，你让我枕着你的腿睡一觉吧。"于是楚灵王枕着仆人的大腿睡着了，等到楚灵王醒过来，他发现他不是睡在仆人的大腿上，而是睡在一堆土上。原来，等楚灵王睡着以后，仆人已经悄悄地逃走了。

楚灵王偷偷入境的消息谁也不知道，公子比刚刚即位，非常害怕楚灵王卷土重来。此时，司马公子弃疾开始有所动作了，他一方面派人在长江之上四处大喊："楚灵王回来了！楚灵王回来了！"另一方面他派人进宫告诉公子比和公子皙说："楚灵王回来了，百姓们仍然喜欢楚灵王，百姓们将要杀掉你们。司马弃疾也率领军队准备勤王了。百姓现在怒火勃发，局势已经不可挽回了，你们自己找后路，但千万别自取其辱！"

公子比和公子皙自杀，公子比仅仅当了十几天的王。公子弃疾继而宣布楚灵王的死讯，原来，公子弃疾早就找到了楚灵王，并且秘密处死了楚灵王，但在公布楚灵王死讯的时候，却说楚灵王病死在一个叫申亥的人的家里。原来楚灵王曾多次赦免申亥的父亲申无宇的罪过，申亥在楚灵王走投无路的时候就把他接到了自己的家里，但事实是，很快，楚灵王就暴毙而亡。如果申亥不是在执行公子弃疾的命令，难道世界上有这等蹊跷之事吗？

之后的事情就顺理成章了，公子弃疾在众位大臣的推举之下，坐上了楚王的宝座，他就是楚平王。

司马迁在评论楚灵王这一角色的时候，极为感慨，他写道：

楚灵王方会诸侯于申，诛齐庆封，作章华台，求周九鼎之时，志小天下；及饿死于申亥之家，为天下笑。操行之不得，悲夫！势之于人也，可不慎与？

司马迁的意思是一个人无论在怎样辉煌发达的情况下，都不要忘乎所以。楚灵王在临死之时，应该为其问鼎之事而感到悔恨吧！

## ◆ 范蠡之恨

范蠡是春秋末年响当当的人物。

当年吴越争霸之时，越王勾践被吴王夫差击败，被困会稽山，仅残存五千兵马，几乎到了亡国的境地。是范蠡和文种两个人拯救越国于水火之中，范蠡曾对勾践说过："兵甲之事，种不如蠡；镇抚国家，亲附百姓，蠡不如种。"这句话足见得范蠡与文种在越国的地位是如何重要。其后，越王勾践卧薪尝胆，积蓄力量，终于击败了吴王夫差，逼夫差自杀身亡，成就春秋最后一任霸主的伟业。

在勾践称霸之时，范蠡做了功成身退的决定。他弃掉了荣华富贵，告辞了勾践，与家人乘舟而去，临行前，他派人送了一封信给文种，信上这么说："飞鸟尽，良弓藏；狡兔死，走狗烹。越王为人长颈鸟喙，可与共患难，不可与共乐。子何不去？"文种没有选择离开，终于被勾践所杀。

问世间，有几人能如范蠡这般聪明，这么看得开！

范蠡乘舟去了齐国，为了避免被越王勾践找到踪迹，他更改了自己的姓名，他在别人面前自称为鸱夷子皮。据学者猜测，范蠡在这里更换成这一名字不光是因为越王勾践，更重要的原因是为了悼念死去的吴国大臣伍子胥。吴王夫差击败越王勾践后，伍子胥屡次在吴王夫差面前劝谏，让吴王夫差万勿养虎为患，但范蠡和文种想方设法让吴王夫差慢慢疏远了伍子胥，伍子胥终于被吴王夫差赐死，并且伍子胥死了以后，吴王夫差不准将他的尸体下葬，而是下令用"鸱夷"卷起伍子胥的尸体扔进大江里，任其漂流，任鱼虾撕咬。"鸱夷"就是生牛皮。范蠡和伍子胥都是忠臣，但两国交战，各为其主，本来伍子胥的死也怪不得范蠡，只怪那吴王夫差有眼无珠，不辨忠奸，但范蠡终于还是觉得对不起伍子胥。

之前，范蠡在和文种一起辅佐越王勾践之时，看到文种力挽狂澜，使越国从濒临灭亡走向富国民强。范蠡在文种身边得到了很大教益，知道了富国之法，他是个聪明之人，他说道："（文种）既已施于国，吾欲用之家。"他决定运用文种治国之法来治家。

范蠡在齐国选择了海边住下，渔猎耕种，父子同心，很快家产达到了数千万。依照道理来说，仅靠渔猎耕种，怎么可能那么容易积累起家产？估计范蠡干了贩卖私盐的勾当。有了钱了，范蠡就出名了。范蠡本来就不想出名，如今出名后，只好散尽家财，与一家人从小道逃匿了。

范蠡来到了陶这个地方，再次更名改姓，这次他称呼自己叫陶朱公，专职经商，古人称经商为"逐十一之利"，贩一次货就可以赚取10%的利润，怪不得司马迁在《货殖列传》里感叹道："夫用贫求富，农不如工，工不如商，刺绣文不如倚市门。"陶朱公做生意果然很有一套，很快他的家产又达到了几千万。这一下更是天下闻名。范蠡本人也成为后代商人尊敬的祖师爷，成了一个令人难以置信的传说。陶朱公是如此闻名，以至于大多数人都忘记了他的真名。

然而就是这么一位神奇人物，他也有办不到的事情。

陶朱公共有三个儿子，在陶地做生意的时候，他生了幼子。幼子成年之后，陶朱公的次子在楚国杀了人，被关押在楚国了。陶朱公听说了这则消息后，这么说道："杀人而死，职也。然吾闻千金之子不死于市。"

这句话那我们现在来看，完全是在藐视法律了，然而在当时"千金之子不死于市"却是个不争的事实。包括在汉朝时代，死刑都是可以花钱免罪的。所以在这里也没必要责怪陶朱公的不法言论了，司马迁在《货殖列传》里就曾直言"千金之子不死于市"是当时的一则谚语。

陶朱公决定让自己的幼子带上千两黄金赶往楚国去拯救他的二哥。正准备出发时，陶朱公的长子拉住弟弟的牛车不让他走，然后向陶朱公请求道："长兄对弟弟有督导责任，如今二弟犯罪，正是做兄长的出力之时，父亲大人不派我去救二弟，反而派三弟去救，这是父亲大人在质疑我的能力不行，我活着也没意思了，死了算了。"于是就打算自杀。陶朱公的妻子替长子说道："现在派幼子去不一定能救出二儿子，如果长子也死了，那怎么办啊！"

陶朱公只好让长子代替幼子去救人，他写了一封信交给长子，嘱咐他说："你到了楚国以后，把千两黄金交给我的朋友庄生，记住，千万别过问庄生如何使用这千两黄金，切记切记！"长子出发的时候，他暗地里也带了几百两金子，他是有两手准备的，一方面打算用千两黄金恳求庄生帮忙，另一方面打算到了楚国以后用自己携带的几百两黄金结交权贵，让这些人帮忙。

从陶朱公长子的行为来看，他明显是在质疑庄生的能力，他认为仅凭庄生一己之力无法救援二弟，因为庄生是一个穷人，无权无势，同时，他在内心也在质疑自己的父亲，为什么要对庄生这么好，还要给他千两黄金！我一定要证明给父亲大人看，我用几百两黄金结交权贵起的作用一定会远远大于把千两黄金送给庄生！

陶朱公的长子来到楚国后，尽管他不相信庄生的能力，但父命难违，他还是把千两黄金交给了庄生。庄生叮嘱陶朱公的长子说："你赶紧回家去，不要在楚国呆着了，你弟弟的事情包在我身上。你弟弟被释放出来后，你也不要问为什么。切记！"

庄生尽管是楚国一个穷人，但是个和庄周一般的人物，全国闻名，不是不能做官，而是根本不想做官，宁愿曳尾涂中。他接到了陶朱公的千两黄金后，对自己的妻子吩咐道："这是陶朱公的黄金，我们不要动它，切记！"

然后庄生去求见楚王，楚王喜不自胜，因为这个平日里求也求不到的人物，今天居然主动来找他了！楚王问他有何见教，庄生对楚王说："我昨夜夜观天象，看到不详预兆，楚国将有一场灾难！"

楚王很相信庄生，于是就焦急地询问庄生："那寡人该怎么办才能消除这场灾难？"

庄生说："其实这也不难解决，大王如今行善积德就可以消除，大王不妨大赦天下。"

楚王说道："寡人明白了。"

楚王于是着手大赦之事，先把国库给封了。为什么呢？后来的学者解释说钱币对于一个国家来说至关重要，如果钱币被偷了，窃贼被抓住了，等到第二天却得到消息说，天下大赦，自己可以无罪释放。这样一来，国家不就乱了套了么？于是先把国库封了，不让窃贼有机可乘。

在庄生求见楚王的时候，实际上陶朱公的长子也在活所动，他用自己带来的几百两黄金去四处打通权贵。这一天，楚王身边的一个大臣果然偷偷过来向陶朱公的长子报告说："好消息，好消息！楚王马上要大赦天下，你弟弟可以无罪释放了！"

陶朱公长子问为什么能知道这人消息，这个大臣说道："以前每次楚王要大赦天下之前，总要封掉国库，昨天晚上我亲眼看到楚王派人封国库！"

陶朱公长子太高兴了，他以为这次大赦与庄生一点儿关系也没有，而自己却白白损失了送给庄生的千两黄金，于是就去求见庄生。庄生吃了一惊，问道："你怎么还不回家去呢？"陶朱公的长子就说："都是为了救弟弟所以没有回家，现在听说弟弟要受到赦免了，我特意向您告辞。"

庄生知道他是想取回黄金，于是说："黄金就放在房间里面，你自己去拿吧。"陶朱公的长子喜不自胜，把千两黄金搬走了。自然，那黄金的封条还是封得好好的，庄生本来就没打算要，陶朱公的长子实在是多心了。

虽然庄生是个世外高人，但如今被一个小毛孩所污辱，还是气不打一处来，于是就又去求见楚王，说："上次我劝您行善积德来为楚国消弭灾祸，大王决定大赦天下。如今我走在路上，听路人在谈论说是因为陶朱公用钱贿赂了您身边的人，所以他的儿子才能被免罪释放，天下百姓都不挂念大王您的恩德，都是因为陶朱公儿子的缘故啊！"

楚王听了这一席话，大怒，说："寡人虽然想施恩德，但也不会因为陶朱公的原因！"于是下令处死陶朱公的次子。处死了以后，楚王才开始下大赦之令，于是，陶朱公的长子就只好用牛车装着千两黄金外带二弟的尸体回家了。

陶朱公的长子回家之后，所有的人都向陶朱公表示哀悼，只有陶朱公本人坦然而笑，说道："我在长子出发的时候就预知到这一结局了。我的长子并非不爱自己的弟弟，只是我生他的时候，家境并不宽裕，他从小受了很多的苦，后来与我一起艰难创业，他舍不得那千两黄金。我为什么会派幼子去救他哥哥呢，因为幼子打小乘肥马衣轻裘，没受过任何苦难，自然不会吝惜金钱。"

陶朱公难道真的不带有遗憾吗？我不相信。从陶朱公在长子临行前的叮嘱的话语里我们可以找到答案，陶朱公因利成名，终于也因利遗恨。

### ◆ 主父偃之恨

主父偃是齐国临淄人氏，读书人。汉代前期的读书人往往羡慕那些在战国争霸、秦末动乱之中得以功成名就的读书人，比如张仪、苏秦之流，而这些人都是学纵横术出身。纵横术简而言之，就是读书人游说各国借以谋取功名的手段。这种纵横术在群雄争霸的时候往往大行其道，而在天下已定之际，纵横术就失去了生存的根本——天下太平，你还游说谁去？

所以有见识的读书人往往在从师学道之际不光光只是学习纵横术，还要学习帝王术，纵横术与帝王术的区别在于前者是打天下的时候使用，后者是定天下的时候使用。比如秦朝的李斯，他就跟随荀子学习了帝王术，之后终成秦朝一代名相。

早年时候，主父偃学的就是纵横术，家里的墙壁上挂的都是自己心仪的能够舌战群儒的名人像。

这些汉代前期的读书人按说心思都不好，心思好就不会去学纵横术了，既然学习纵横术，那就是从内心期望天下不太平，天下越不太平，他们就越有出头之日。因为汉朝前期天下确实也不甚太平，汉朝初年各地的动乱就像打老鼠游戏里的那些老鼠一样，这个打下去了那个又从洞里钻了出来，刘邦本人就是在四处平定叛乱的时候死掉的。到了汉文帝汉景帝的时候，本以为天下太平了，没想到出了一个刘濞，导演了一出七国之乱，差点儿就造反成功。

主父偃学成纵横术后，周游各地，无人赏识，在处处碰壁的情况下，他开始主动学习帝王术，他本人也练就了一张厚脸皮，因为家里穷，四处借钱，借了的钱又还不上，最后所有的人都像躲瘟神一样躲着他。

万般无奈之下，主父偃给汉武帝写了一封奏折，主要给汉武帝在制定法令和攻打匈奴二事上提了一些建议。这封平民奏折居然鬼使神差被汉武帝看到了。《史记》载："朝奏，暮召入见。"意思是早上汉武帝看到了奏折，到了晚上就传召让主父偃进见。

之后，主父偃就开始平步青云，一年中得到了四次升迁，主父偃用事朝中，这一结果谁也没有想到，连主父偃本人也没有想到，真是运气来了，挡也挡不住。

在此时，汉武帝对主父偃简直言听计从，举个例子以作证明。

比如，汉武帝在主父偃的建议下推行推恩令。刘邦在汉初效仿周王朝，沿袭了分封制，把刘氏子弟封在各地为王，起初想法很好，但后来诸侯势力越来越大，最后难以控制，于是只好削藩。结果削藩不力，到汉景帝时爆发了七国之乱。虽然七国之乱后来被平定，但各位藩王的势力如何削弱的问题始终在困扰着继位的汉武帝。主父偃向汉武帝建议道：

"古者诸侯不过百里，强弱之形易制。今诸侯或连城数十，地方千里，缓则骄奢易为淫乱，急则阻其强而合从以逆京师。今以法割削之，则逆节萌起，前日晁错是也。今诸侯子弟或十数，而适嗣代立，余虽骨肉，无尺寸地封，则仁孝之道不宣。愿陛下令诸侯得推恩分子弟，以地侯之。彼人人喜得所愿，上以德施，实分其国，不削而稍弱矣。"

在这里，主父偃总结了七国之乱的教训：第一，不能放纵诸侯，任其发展；第二，要控制诸侯，但不能心急。那怎么控制诸侯的势力呢？主父偃的办法确实高妙，也怪不得汉武帝对他言听计从。主父偃说了，如今的形势是老诸侯们生了一批小诸侯，小诸侯们太多了，都不能得到封赏，都心存抱怨，如今采用一石二鸟之计就是下达"推恩令"，让老诸侯们有权利把自己的土地分封给各自的小诸侯们，小诸侯们对皇帝感恩戴德，大诸侯的势力也自然被削弱了。

这个例子也许还不足以证明汉武帝对主父偃言听计从的程度，因为主父偃的计策确实好，下一个例子就可以说明了。

纵观汉武帝统治时期，一直困扰着汉武帝的一大问题就是匈奴问题，主父偃当年也因为奏折中涉及匈奴事宜而发家。主父偃成了红人以后，向汉武帝提建议说朔方这个地方土地肥沃、地理位置险要，当年秦朝蒙恬就在此地建城抵御匈奴，现在也应该重建朔方城作为消灭匈奴的根据地。主父偃的这条建议遭到了另一位红人的反对。

这位红人当时身居要职，是汉朝的御史大夫，他叫公孙弘。公孙弘就建议汉武帝不要四处扩张，西南边通西南夷、东边设置沧海郡、北边还要设置朔方郡会耗费国家很多不必要的开支。公孙弘的建议也很有道理，他是在点醒穷兵黩武的汉武帝。

汉武帝自己实则站在主父偃这边，但为了说服公孙弘，就下令廷议。

主父偃这边派出了朱买臣等谋士，廷议的时候，提出了十大条理由，这十条理由究竟是什么已不可考，但显然是针对公孙弘做了充足的准备，因为当这十条理由被抛出来时，公孙弘无法招架，连一条都无法反驳，公孙弘只好服输。汉武帝就真建立了朔方郡。但公孙弘是个睚眦必报的人，后来在主父偃落难的时候，本来罪不致死，但公孙弘落井下石，终于主父偃被杀头抄家。

事实上，主父偃也是个睚眦必报的人。

主父偃年轻时游历燕、赵，屡被排挤耻笑，如今富贵了，为报当年之仇，他把在燕国听到的有关燕王的丑事报告给了汉武帝，元朔元年，主父偃进谏说燕王刘定国与父亲的爱妾生了一个孩子，另外还把自己弟弟的妻子抢过来当妾。廷议之时，各位大臣都说刘定国禽兽不如，应当诛杀。汉武帝同意。刘定国自杀。

燕国的事情刚刚了结，齐国又出事了。齐厉王的母亲叫纪太后，纪太后为了让纪家家族荣盛，让齐厉王娶了他叔叔的女儿纪氏女做王后，然而齐厉王并不喜欢这位堂妹。纪太后很不高兴，于是让自己的长女纪翁主进入王宫，她的任务是不让齐厉王和其他嫔妃接近，只让齐厉王和纪氏女在一起。结果齐厉王没喜欢上纪氏女，反而和自己的亲姐姐好上了。

主父偃之前曾因想把自己的女儿嫁给齐厉王，但这件事得罪了纪太后，于是这一下抓到了齐厉王的把柄，又上报给了汉武帝，汉武帝很生气，于是特派主父偃为齐国丞相，专门处理此事。主父偃到了齐国后，很快就把证据搜集完毕。齐厉王害怕进监狱，也自杀了。

这时，诸侯们人人自危，特别是赵王尤其害怕，因为自己当年也很不待见主父偃。他早就想弹劾掉主父偃，但又怕上的奏折被主父偃拦截，自己死得更快更惨。好容易主父偃被调离中央去齐国担任丞相，赵王没有放过这次机会。他给汉武帝上了一道奏折，说主父偃收受了很多诸侯王的钱，所以诸侯王的子弟们都得到了封赏。这一道奏折很厉害，这道奏折是说汉武帝本人十分欣赏的"推恩令"居然是主父偃收受贿赂的结果！

汉武帝觉得自己受到了愚弄，一个皇帝怎么让一个大臣玩弄于股掌之中？汉武帝就想肯定刘定国没给他贿赂所以最后落到自杀的下场，齐厉王也肯定没给贿赂所以如今也落难，这时加上听说齐厉王自杀，他就认为肯定是主父偃逼迫齐厉王自杀。于是下令捉拿主父偃归案。一搜集证据，主父偃只是犯了受贿赂的罪，罪不至死。而燕王齐王的事情实有其事。

汉武帝准备原谅主父偃，但公孙弘说主父偃疏离汉武帝骨肉之亲，让刘姓王一个个死去，实际上犯下了大罪，不死无以平民愤。于是，主父偃被抄家。

主父偃在风光的时候，门下宾客数千人，个个鞍前马后阿谀奉承，等到他落难，人人都争先恐后地上报主父偃的罪过，等到主父偃被抄家问斩，竟然差点没有人给他收尸！

主父偃因窘求名，因名求利，最后因利败身，实践了他生前的豪言壮语："丈夫生不五鼎食，死即五鼎烹耳。"

## ◆ 春申君黄歇之恨

黄歇是战国末年非常有名的战国四公子之一，他是战国四公子中唯一不沾王家血缘的一位，他完全凭借自己的功劳一步一步踏上楚国丞相之位。

黄歇本人是个与张仪苏秦同时代的说客，只不过他作为一名说客的身份就没那么有名，这里有两个原因：其一，黄歇选错了君主，黄歇选择了楚顷襄王，而楚顷襄王是谁呢，他是楚怀王的儿子，楚怀王又是谁呢，楚怀王就是那个罢黜屈原、被张仪骗得团团转、最后甚至客死秦国的人，面对这样一个弱势的君主，其辅佐难度之大就不用说了，他的辩才也没有用武之地；其二，黄歇的风头完全被早他几年出名的张仪苏秦给盖住了。

那黄歇作为一名说客是怎么爬起来的呢？

当时楚国的形势很危急。秦昭王当时任用战神白起所向披靡，先后打败了韩国和魏国，并且逼迫楚国把自己的都城由郢迁到了陈。黄歇作为楚国的使者就去游说秦昭王，主要这么说的：其一，秦楚都是大国，两虎相争，必有一伤；其二，秦王应知道物极必反的道理，他举了三家分晋的例子，说当年智伯率领韩魏攻打赵的时候，曾是多么不可一世，结果没过几天背叛了的韩魏联合赵就一起杀死了智伯；其三，黄歇说如果破楚，会使与楚国国土更加邻近的韩、魏、齐国力强大，以后秦国称帝的路反而更加坎坷；其四，黄歇说如果不攻打楚国，合秦楚之力以图天下就容易了。秦昭王听了这话，就召回了战神白起，楚国安定了。

这是黄歇的第一大功劳，黄歇也因此坐上了太傅这一宝座，太傅就是太子的老师，太子以后是要继位的，太傅的权力有多大就可想而知了。在太傅任上，黄歇又立了一大功劳，正是这一功劳，最后让他坐上了楚国丞相的宝座。

当时秦昭王答应不攻打楚国，自然也有条件，那就是必须要把楚国太子熊送到秦国当人质才可以。太子名熊完，他去了秦国，自然太傅也跟随太子熊完一并去了秦国。没过几年，楚顷襄王生了重病，估计命不久矣。太子熊完想回国，但秦王不让，秦王为了谋取更多的利益，自然不会轻易把这位楚国未来的国君放回去。

这时候作为太子的老师，黄歇必须要想办法了。太子和当时的秦国丞相应侯关系很好，黄歇就打算在应侯身上找突破口。

黄歇问应侯道："侯爷您真的和太子友好吗？"

应侯道："当然。"

黄歇道："如今楚王怕是不行了，您不妨劝说秦王让太子熊完回到楚国。太子继位后，对侯爷和秦国肯定无比感激，好处自不必说；如果太子不能回到楚国继位，国不可一日无君，那自然有楚王别的儿子继位，那么昔日的太子就会变成秦国首都咸阳的布衣百姓，就丧失了任何利用价值；而新继位的楚王肯定只会记得秦国的种种罪恶，不会念秦国的好，这不就糟糕了吗？希望侯爷好好劝说秦王。"

应侯听了这番话，就去劝说秦王。结果秦王害怕这是楚国要回太子的一个计谋，还是不肯释放太子熊完回国，他命令只允许让太傅回国看看情况，其余回头再说。

黄歇就对太子说道："太子啊，你知道现在这种局势，对你非常不利，只要你回不去，你就一文不值，所以你必须要回到楚国。如今秦王仍不肯放你走，你只有逃跑，我留在秦国给秦王解释，秦王如果不听我的话，大不了就是杀了我，没什么了不起的。"

太子熊完听了这话，心里无比感动，对这位老师感激涕零。于是太子他化装成赶马车的仆人逃回了楚国。过了好些天，黄歇揣摩着太子差不多回到了楚国，于是就去求见秦昭王道："太子熊完已经回国了，这一切都是我的计谋，请您杀了我吧。"

黄歇这么聪明的人怎么可能那么傻？实际上他早就盘算好了退路。秦昭王倒是的确想让他死，但秦国朝廷里面还有个黄歇的老朋友应侯呢。应侯这时候就站出来帮黄歇说话了，他对秦昭王说道："黄歇虽然做了对不起您的事，但大家做臣子的也是各为其主。既然黄歇是忠臣，应该褒奖才是，并不能责备；况且太子熊完继位之后，肯定要重用黄歇，如果我们现在杀了黄歇，会得罪楚国，如果我们释放黄歇，黄歇和熊完都会感激我们，所以，我们还是放了他吧。"秦昭王听他分析得这么透彻，没有办法，就释放了黄歇，黄歇就这样安然无恙地回到了楚国。

没过三个月，楚顷襄王就死了，太子熊完顺利登位，他就是楚考烈王。正如应侯所料，很快楚考烈王就任命黄歇担任楚国丞相，黄歇也顺利成了鼎鼎有名的战国四公子之一的春申君。

春申君辅政的时候，他帮助楚国灭掉了鲁国，并且他将荀子这样德高望重的人都请到了楚国担任兰陵令，楚国重新变得强大起来。

但楚国在这时候面临一个重大问题，并非此时秦国马上要灭掉了楚国，而是楚考烈王娶了好多妃子，就是生不出孩子，黄歇很着急。

这时有个叫李园的人，他有个妹妹长得很漂亮，于是他开始策划阴谋。

首先，他假装要做黄歇的门客。到了约见的那天，他故意迟到。黄歇就问为什么。李园就说齐国国君想娶我妹妹，和使者多喝了几杯，所以就来晚了。

黄歇就说，那他下了聘礼了吗？李园说，还没呢。黄歇就说，那能让我看看吗？李园说，没问题啊。

结果黄歇一看到李园的妹妹，就喜欢上了。很快，李园的妹妹就怀孕了。

这时，李园的妹妹就劝黄歇说，你把我进献给楚考烈王吧，我怀孕的消息没别人知道，以后我生了孩子，假如天可怜见，是个男孩，他不就可以继承王位了吗？你不就成了太上王了吗？那楚国的大好江山不全都是你的了吗？

黄歇一听，好办法。就照着去做了。

后来，李园的妹妹果然生了个男孩，他后来继位成了楚幽王，实际上他是黄歇的儿子。

楚考烈王终于生了儿子，可高兴了，可怜，头上戴的帽子早就绿油油的还不知道。楚考烈王开始重用李园。

李园有了一些权力后，下一步就是杀死一切知道这件事情内幕的黄歇。他开始暗地里养了一群武士，很像后来的康熙杀鳌拜的手段。

后来，楚考烈王生了重病，就快死了。有个叫朱英的人求见黄歇说，等楚考烈王一死，李园就要杀你了，你要小心啊。不过我可以帮你干掉李园，你封个官我做就可以了。

朱英的建议是对的，但是这种提法就很让人不舒服，让人觉得这只是他想做官的一种手段。黄歇也是这么想的，于是就没有听朱英的话。

过了十几天，楚考烈王一死，李园和一群武士早就埋伏在宫殿里，可怜的黄歇还以为他就可以当上太上王了，大踏步地进入宫殿还准备主持大局呢。结果一进去就被李园杀死，家也被李园派人给抄了。

黄歇该恨，但他能恨谁呢？别人是利令智昏，黄歇是权令智昏。黄歇剩下的一点欣慰也许是他的儿子（李园的妹妹生的）在他死后成了楚王，但他自然只是个傀儡，这时楚国也已经是日薄西山，十五年后便被秦国消灭。黄歇的死连司马迁都感到惋惜，他想不通为什么当年那么聪明的黄歇到了晚年会变得愚蠢起来。

## ◆ 李斯之恨

李斯是个有野心的人，他不满足于平凡的生活。

《史记》记载了他年轻时候的一件小事来说明。有一次李斯去上厕所，一进厕所，他就看到几只老鼠在那里吃脏东西，然后一看到李斯进来，就一哄而散，全都吓跑了。然后李斯去了粮仓，他也看到了几只老鼠，在高高的粮食堆上饱食终日，看到李斯进来了，它们也毫不在意。然后李斯就开始激励自己要做一名粮仓里的老鼠，而不能碌碌无为，只做一名厕所里的老鼠。

李斯是楚国上蔡人，当时楚国辅政大臣春申君黄歇把大名鼎鼎的荀子请到楚国担任兰陵令，李斯不满足现状，于是就拜了荀子为老师，跟随荀子学习帝王之术。学成后，他辞别老师说："老师，如今时局动荡，正是我等游说之人成名之时。俗话说'诟莫大于卑贱，悲莫甚于穷困'，有识之士绝不会为自己的无所作为而找借口，绝不是愤青而批判这个世界不公平，也绝不会一边做隐士一边道貌岸然地说功名利禄全是狗屁。所以我决定要去秦国游说。"

来到秦国以后，李斯通过做秦国红人吕不韦的门客，很快就出人头地，秦王嬴政对李斯非常赏识，他任命李斯担任客卿之职。在这个时候，秦国发生了一个重大事件。

因为秦国的实力越来越大，正在逐步兼并其他诸侯，其他诸侯也开始想办法自救了。韩王就派了一个出色的水利工程师郑国来到秦国，说要帮秦国修建一条水利工程，这就是历史上有名的郑国渠。但有谁知道，郑国渠当年差一点没修建起来？

原来郑国渠刚修建一半的时候，郑国被人指认是韩国派过来的间谍，郑国就被抓起来了，一审问，果然是间谍，问过来修造郑国渠是什么目的，郑国说是为了拖垮秦国的经济，不让秦国有余力去攻打其他国家。秦王嬴政很生气，打算杀了郑国，郑国说道："这条水利工程对发展秦国的经济真的有好处啊，大王就让我完成这项工程吧。"秦王嬴政是个聪明人，水利工程本来就是利于千秋万代的事情，于是他大度地让郑国完成了他的工作。

然而郑国的事情是了了，秦国的大臣们却认为此事事态严重，这才发现一个郑国，还不知道有多少个郑国尚在秦国暗中使坏呢，于是建议秦王嬴政驱赶在秦国的所有外国人。这样一来，李斯也要被赶走了。

前面提过，李斯是个很有野心的人，他怎么甘心就这样回到楚国呢，于是他给秦王上了一道书，这就是鼎鼎有名的《谏逐客书》，里面有这样一句精彩的话："泰山不让土壤，故能成其大；河海不择细流，故能就其深。"意思是在规劝秦王嬴政要想成就其宏图伟业，必须要有泰山和大海一般的心胸。这篇《谏逐客书》写得实在太好了，于是打消了秦王嬴政驱赶李斯这些人的念头了。

秦王嬴政重用李斯，他与秦始皇走在一起，可谓是相得益彰。用了二十来年，终于一统天下。之后，秦朝实行郡县制、大力推行中央集权制、焚书坑儒、制定法令、统一文字度量衡等，李斯作为秦朝二把手，对稳定大一统的秦朝，可谓是鞠躬尽瘁、死而后已，也不惧怕在历史上留下骂名。

李斯在秦始皇手下红极一时，他的儿子都娶了秦朝的公主，女儿都嫁给了秦朝的公子。李斯是个聪明人，他牢记他的老师荀子的一句话，叫"物禁太盛"，这四个字讲的是月盈则缺、日中则亏的道理。他感慨道："我本来只是楚国上蔡的一名普通百姓，而现在位极人臣！物极必衰啊！"他隐隐觉得自己的下场未必会很好，但他预测不到自己的未来。

秦始皇一统天下之后，喜欢巡游全国以炫耀皇威，其间还发生过张良雇用侠客刺杀秦始皇一事，不过没有成功。过了几年，秦始皇在一次出巡途中死去了。他这次出行的时候，身边跟随有自己最喜欢的小儿子胡亥，而秦始皇的长公子扶苏并不在身边，因为公子扶苏对自己父亲的一些做法有意见，因此屡次耿言直谏，于是得罪了自己的父亲，被父亲发配到匈奴边境和蒙恬一起并肩作战去了。谁也不会想到，改变秦朝命运的大幕就从秦始皇死的这一刻拉开。

秦始皇在病重的时候，嘱咐中书令赵高按自己的旨意写了封信给公子扶苏，这封信是这么写的："把军队让给蒙恬管理，你速来咸阳参加我的葬礼。"虽然这封信没有直接说让公子扶苏继位，但秦始皇很明显就是这个意思，赵高自己心里也明白。这时候秦始皇还没死，赵高还不敢怎么样，他照规矩把信用火漆封好，但还没交给使者，秦始皇就死了。

怎么会这么巧？按理来说，秦始皇绝不至于死得这么迅速，把信交给使者能要多长时间？按照猜想，赵高是在这里拖延时间，等秦始皇死后，他开始展开行动。

秦始皇死去的消息只有李斯、胡亥还有赵高等极少数人知道，不能公之于众，因为秦始皇是死在外面，如果这一消息传到咸阳，那么秦始皇的二十多个儿子就会争夺皇位，这样一来，秦朝就会大乱，这是李斯所不愿看到的。

赵高留住了诏书，然后劝说胡亥同意大家辅佐胡亥为皇帝。多美的事，胡亥能不同意吗？然后，赵高去李斯那里劝说李斯，他问了李斯五个问题，然后把李斯问住了，五个问题是：

"君侯自料能孰与蒙恬？功高孰与蒙恬？谋远不失孰与蒙恬？无怨于天下孰与蒙恬？长子旧而信之孰与蒙恬？"

赵高问李斯，如果胡亥不能继位，让公子扶苏继位，那与扶苏最亲近的蒙恬应该最受器重，所谓一朝天子一朝臣，你李斯现在混得确实牛，但以后恐怕就只能灰溜溜地回到上蔡老家了，这也不符合你的理想和期望啊。

最终就因为一念之差，李斯答应了赵高。赵高马上就焚毁了那封诏书，然后另伪造诏书，诏书上有两条内容：一是立胡亥为太子；二是发书给驻扎在上郡的扶苏和蒙恬，责令他们自杀。

秦始皇死的时候正值夏季，他的尸体很快就开始腐败了，李斯他们就在秦始皇乘坐的车上装了一车的臭干鱼来掩饰尸臭。就这样，李斯一行人速速回到了咸阳，胡亥正式登基继位，他就是秦二世。扶苏和蒙恬被逼自杀。

因为赵高之前就是胡亥的老师，于是掌握了大权。赵高知道既然是阴谋，越少人知道越好，李斯已经利用完了，赵高开始陷害李斯。说李斯有谋反之意，于是把李斯抓到了牢里，日夜审问。一开始是赵高派人去，只要李斯说自己没有谋反，就一顿毒刑拷打；只要李斯说自己谋反了，就停下来不打。

把李斯训练好以后，赵高就请来了胡亥的心腹一起审问李斯，李斯不知道，还以为像以前一样，说自己谋反就不打了呢，结果就说自己想谋反。

这一下就不好了，李斯谋反罪坐实了，最终被腰斩于咸阳市。

临死之时，李斯回头看着自己的二儿子很感慨地说："吾欲与若复牵黄犬俱出上蔡东门逐狡兔，岂可得乎！"

然后，李斯被夷三族。

李斯没有学到荀子的急流勇退的做法，最后因为一时糊涂，落了个身败名裂的下场。

查看历史，会发现这种一世英明，到最后却因为一时糊涂而犯下不可弥补的错误的人比比皆是。有一句话叫"一步错，步步错"，在大事上绝不可犯糊涂，否则会引起自己的终身之恨。

### ◆ 屈原之恨

屈原，名叫屈平，"原"是他的字。他为人聪明，博闻强记，极富口才。这样的人不管在哪里都会很吃香，屈原自然不例外，他被楚怀王宠信重用，担任左徒职务，在朝廷里与楚怀王一起商议国家大事，而楚怀王要与它国外交，屈原又是使者的不二人选。

没过几年，楚怀王准备完善楚国法令，于是就让自己最宠爱的屈原担任造宪令，屈原专心地修改楚国法令。这时候有人对楚怀王如此宠爱屈原不满了，这个人叫上官靳尚，时任大夫官职。他开始在楚怀王面前说屈原坏话，他说道："楚王啊，您让屈原担任造宪令，本来这是对他的信任和恩赐，结果屈原每公布一条法令出来，他都会骄傲地宣称楚国没有他不行。这屈原现在太嚣张了，没把您放在眼里啊。"

结果楚怀王就听信谗言，开始疏远屈原。也不能怪楚怀王傻，实在是因为小人谗言的可怕。小人诽谤的话有多厉害？《史记》里有个例子予以了答案。这个例子叫作"曾参杀人"，也可称为"三人成虎"。说的是鲁国有个叫曾参的人杀了人，和曾参关系友好的朋友就到曾参的家里来告诉曾参的母亲说："曾参杀人了啊，您快逃跑吧！"曾参的母亲不相信，为什么？因为曾参是孔门杰出弟子，可以说是孔子衣钵的传承者，后世人尊称他为曾子，这样的儿子怎么可能杀人？曾参的母亲当时在织布，听了这话，神态自若地继续织布。过了一会儿，又有个人来到曾参的家告诉曾参的母亲快跑，说曾参杀人了，但曾参的母亲还是不相信。过了一会儿，又有个人来通知曾参的母亲说她儿子杀人了。这下曾参的母亲相信了，她扔下织布的工具，翻墙逃跑掉了。那么曾参杀人了吗？杀了，但杀人的曾参实际上另有其人，是和曾子重名的人。曾参的母亲应该最了解曾参吧？但她最后也不能确信自己的儿子有没有杀人。

屈原心里难受，司马迁说屈原的传世名篇《离骚》就是在这个时候问世的，司马迁解释"离骚"为"罹忧"，意思是"遭遇忧难"，司马迁进一步指出屈原此时的心情："信而见疑，忠而被谤，能无怨乎？"意思是屈原此时心里充满了幽怨。

屈原被疏远后，发生了一件大事，这件大事让楚怀王乃至整个楚国都受到了莫大的耻辱。

这件事源于秦国意图攻打齐国，这怎么和楚国扯上关系了呢？原来齐国和楚国是盟国，秦惠王要攻打齐国，楚国肯定会给齐国帮忙，要解决这件事必须要让楚国和齐国断交。于是秦惠王就委托著名的纵横家张仪出使楚国。

张仪见了楚怀王后，对楚怀王说："我们秦王很讨厌齐国，但是很喜欢贵国，秦王想攻打齐国，又害怕伤了贵国的心，因为你们是盟国，如果贵国打算和齐国绝交的话，我们秦王愿意把商於六百里的土地割让给贵国。大王的意思如何呢？"

楚怀王一听，哇，六百里土地啊，我要打多少次胜仗才能赢得这么多的土地！于是就和齐国绝交，为了绝交彻底，楚怀王还专门委派了一个善于骂人的使者去辱骂齐王，当然，齐国和楚国就这样绝交了。张仪达到目的后，满意地回到了秦国。

然后，楚怀王派使者去秦国索要这许诺的六百里土地。谁知道张仪接见使者的时候开始耍无赖，张仪道："我答应给你们楚国六里地，谁说我答应要给你们六百里了？六百里地是我能做得了主的吗？"楚国使者真是又怒又气，但又没有任何办法，只好怏怏而去。

楚怀王一怒之下，决定攻打秦国。结果秦国早就严阵以待，这次大战，楚国被杀的将士多达八万余人。而楚国原来的盟国齐国如今只是冷淡地看着楚国被欺辱。

楚怀王没有办法了，于是派了屈原出使齐国，打算和齐国重修旧好。在这个时候，秦国打算割汉中这块土地来和楚国求和，其实汉中这块土地就是上次大战的时候秦国抢占的土地。因为楚怀王对张仪的奸诈耿耿于怀，于是说："结盟的事情我答应，但不用那汉中这块地来和我结盟，张仪这个小子我不能放过，把张仪给我处置就可以了。"

秦王很不忍心，但张仪说："没想到我小小一个张仪能抵汉中这块土地，大王就让我到楚国去吧。"秦王答应了，张仪这么聪明的人怎么可能会选择送死呢？正因为他摸透了楚怀王的脾气他才敢去楚国，他来到楚国后，用了很多钱去贿赂楚怀王的宠臣靳尚和楚怀王的爱妃郑袖，楚怀王的耳根子竟然被郑袖的枕边风吹软了，本来打算处死张仪，结果把张仪释放了。

等到屈原完成出使齐国使命回到楚国，一听说楚怀王释放张仪的消息，赶紧去求见楚怀王，对楚怀王说："您怎么不杀了张仪呢？"楚怀王此时会想起过去因为张仪而惹起的种种事端，开始后悔起来，谁能保证以后不会再次上张仪的当呢？于是楚怀王派人赶快出去追张仪，但张仪早跑远了。

到了秦昭王的时候，秦昭王和楚怀王结为姻亲关系，秦昭王下请帖请楚怀王去秦国参加婚礼。楚怀王打算去秦国，但屈原说："秦国素来都是虎狼之国，不讲信用，还是不要去秦国了，不知道这一次他们又想玩什么把戏。"

这时楚怀王的幼子子兰建议楚怀王去秦国，子兰说："秦国这么友好地邀请父亲大人，不去怎么行呢？"楚怀王最后听了子兰的话，去了秦国。

楚怀王一入秦国，就被秦兵控制了，秦昭王以楚怀王为筹码，向楚国索要土地。楚国也不肯给土地，僵持的时候，楚怀王死在了秦国。堂堂一位大国君王，最后客死异乡。楚怀王死后，长子熊横继位，他就是楚顷襄王，他让弟弟子兰担任令尹的职位。

在楚怀王死后，屈原愤怒不已，写下了这样的文字："怀王以不知忠奸之分，故内惑于郑袖，外欺于张仪，疏屈平而信上官大夫、令尹子兰。"

屈原在这里打击面实在是广，文采也的确高，短短一句话，骂了五个人，同时，他还把自己放在这五个人的对立面。其实从屈原的文风可以看出他的为人，屈原屡遭排挤和他的自命清高是分不开的，他在为人处事上太过耿直，眼睛里揉不进沙子。

屈原的这篇文章最后被令尹子兰看到了，令尹子兰很生气，他指使大夫上官靳尚再一次在楚王面前说屈原的坏话，于是，屈原便再一次遭到流放。

这一次流放让屈原彻底灰心了，他的爱国热情被佞臣的谗言浇得冰冷。他来到了汨罗江边，披散着头发，一边在江边漫步一边吟诵着他的《离骚》，神情萧索，憔悴不堪。在江边，他碰到了一位老渔夫，他俩之间展开了一段精彩的对话。《史记》是这么记载的：

渔父见而问之曰："子非三闾大夫欤？何故而至此？"

屈原曰："举世混浊而我独清，众人皆醉而我独醒，是以见放。"

渔父曰："夫圣人者，不凝滞于物而能与世推移。举世混浊，何不随其流而扬其波？众人皆醉，何不铺其糟而啜其醨？何故怀瑾握瑜而自令见放为？"

屈原曰："吾闻之，新沐者必弹冠，新浴者必振衣，人又谁能以身之察察，受物之汶汶者乎！宁赴常流而葬乎江鱼腹中耳，又安能以皓皓之白而蒙世俗之温蠖乎！"

这一段文字中，最为人称道的莫过于"举世混浊而我独清，众人皆醉而我独醒"这句话了，这句话也同样鲜明地表现出了屈原的人格。

屈原和渔夫之间的这场对话代表了身处乱世人们的两种生活态度。渔夫的意见是应当勇于妥协，随波逐流不失为一名真丈夫；而屈原的意思是干净的人永远会远离污秽，宁愿死亡也不会屈服。

后世没有人像屈原这么决绝。一是死的决绝，二是排他性的决绝。后代人没有屈原这般大胆，敢说出这样的话。也大多数没有屈原这般有勇气，在自己的国家尚没有亡国的前提下，毅然选择了一条不归路，而多是选择归隐之路。

也许，这就是后代的知识分子把屈原作为自己标杆的原因吧；也许，这就是中华民族纪念屈原的原因吧。


◆ 廉颇之恨

虽然战国末年赵国国势衰败，但英雄豪杰人物却层出不穷，这恰巧验证了唐代韩愈在《送董邵南游河北序》里的一句名言："燕赵古称多慷慨悲歌之士。"比如当时的赵国出现了平原君、毛遂、虞卿、廉颇、蔺相如、赵奢、李牧等等著名人物。而这些人物中间，命运最让人唏嘘感慨的就是廉颇。他这辈子有四恨：恨地位不如蔺相如、恨被赵括代将、恨门客趋炎附势、恨郭开公报私仇。

廉颇是赵国名将，他与赵国时任国君赵惠文王相知相得，打了很多有名的战役，为赵国向四周开辟了很多领土，在诸侯之间很有名气，廉颇本人对自己也感到颇为骄傲。

但这时，赵国发生了一件事，让廉颇很生气，就是名不见经传的蔺相如凭借自己的嘴皮子功夫最后爬到了比自己更高的位置上。

赵惠文王也不知哪辈子修来的福气，让他搞到了天下闻名的和氏璧，这让赵惠文王欣喜不已。但老子说了，凡事都是"祸福相依"，好事没准儿就变成了坏事，这不，赵惠文王得到和氏璧的消息让秦国国君秦昭王知道了，秦昭王就派使者带了一封信去了赵国，信上写着，秦王愿意用十五座城池来和赵王交换和氏璧。

赵惠文王就犯难了，如果拒绝秦昭王，秦国攻打过来不是闹着玩的；如果答应了秦昭王，万一和氏璧交出去了，十五座城池没弄回来上了秦国的当怎么办？赵惠文王与朝臣商议，但没有人能拿定主意，也没有人敢只身前往秦国担当回复秦王的这一重任。

蔺相如在这紧要关头站了出来。他本来只是赵国一位宦官的门客，这时候经过这位宦官的推荐，隐忍许久的蔺相如终于有了出头之日。赵惠文王问他："我应不应该给秦王和氏璧？"蔺相如回答："当然要给，我们不给，就是给秦国制造攻打我们的借口。"赵王又问："如果秦王拿了我们的玉璧，然后反悔，不肯给我们十五座城池，那该怎么办？"蔺相如回答："如果我们不给秦王玉璧，那是我们不对，因为秦王开出的条件确实很丰厚；但如果我们交出了玉璧，秦王不肯给我们城池，那就是他们不对了。"

蔺相如知道赵惠文王还在忧心和氏璧的安全问题，于是就进言道："大王一定没找到能承担这一任务的使者，我愿意承担这一责任。如果秦国交给我们城池，那么万事大吉；如果秦国背叛诺言，我一定会将和氏璧完好地带回赵国。"

蔺相如来到秦国后，将和氏璧呈现给秦王，秦王与身边的美人和大臣一起把玩，压根儿就没提起十五座城池的事，他果然意图无偿得到这块稀世奇珍！蔺相如看在眼里，怒由心起。他上前一步，禀告秦王道："其实这块玉璧有一点瑕疵，可能您没有看到，请让我指给您看。"

秦王翻来覆去也没看见手里的这块绝世玉璧有何瑕疵，于是带着疑虑递给了蔺相如。

没想到蔺相如拿回了和氏璧就急速退后，靠在一根柱子上，双手捧起和氏璧对秦王说："其实这块玉璧毫无瑕疵。我之所以这么做是因为我看您与群臣美人把玩玉璧，口中啧啧称好，但绝口不提城池一事，所以我就设计取回了玉璧。我是烂命一条，但这块玉璧确实价值连城，如果今天你逼我给你，那么我和玉璧就玉石俱焚！"

秦王自然很害怕蔺相如真的摔碎了和氏璧，于是赶紧让人取来地图，指着地图说要划给赵国的十五座城池。蔺相如看秦王仍然只是敷衍，于是借口道："和氏璧是天下至宝，赵王当日让我捧璧来秦之前，为了表示庄严，曾斋戒五日；如今大王您也接受和氏璧也理应斋戒五日才行。"秦王投鼠忌器，最终答应了蔺相如。

然而蔺相如趁着这五天，命人快马加鞭地把和氏璧送还了赵国。

秦王憋了五天，然后赶忙召见蔺相如。没想到蔺相如在秦王面前进言道："自从秦穆公以来，秦国二十余位君主从来不是信守承诺之人。我也害怕您不能信守我们的承诺，于是我已经派人把和氏璧送还赵国。五天已过，想来和氏璧已经回到了赵王手里，您要派人追也来不及了。如今秦强赵弱，只要大王您能先给予赵国十五座城池，您还怕赵王不给您和氏璧吗？我知道我这样做是死罪，请处死我吧！"

为维护秦赵两国的友谊，于是秦王最后以隆重的礼节送走了这位赵国使者。

蔺相如不辱使命，他在这次外交中充分展示了自己的勇敢、睿智与才华。蔺相如回国后，马上升为上大夫。当然，此时蔺相如地位还不如廉颇高，但经过接下来的一件事后，蔺相如在赵国的地位甚至比廉颇还高。

和氏璧事件后，秦国陆陆续续发动了几次对赵国的进攻，都取得了重大胜利。廉颇作为赵国主要将领，承受了很大的压力。

也正在此时，秦王派了一名使者来到赵国，告诉赵王要与他在渑池相会结盟。商议道："赵王应该去，如果不去就显示赵国的弱小和赵王的怯懦。这将对赵王和赵国的威望产生了很大打击。"赵王无奈之下，被逼应邀，蔺相如这次又自告奋勇要陪赵王一起去。

廉颇与他们送别，在赵国的边境，廉颇道："大王这次走，我测算到您回来，总也不会超过30天，如果30天还不回来，请允许我拥立太子为王，以断绝秦国的期望。"廉颇的意思很明显，就是害怕赵王此行遭到秦王扣押，然后秦王会以赵王作为人质勒索赵国割让国土。赵王无奈答应了。

于是，赵王与蔺相如来到了渑池。

秦王与赵王一起饮酒，到了喝得高兴的时候，秦王说："听说赵王在音乐上很有造诣，请您鼓瑟一曲。"赵王没想到这是秦王的诡计，于是就欣然弹奏了一曲。没想到弹完以后，秦王哈哈一笑，秦国的史官上前一步，边说边写："某年某月某日，秦王与赵王一起饮酒，秦王命令赵王鼓瑟。"

赵王的脸色瞬间变白了，这实在有辱赵王之威。但他又不能做什么，秦国的史官也没有记错，赵王如坐针毡。

关键时刻，蔺相如站了出来。他对秦王说："我王也听说秦王擅长击缶，请您演奏一曲以相互娱乐。"秦王发怒，不肯答应。蔺相如端着一只缶上前一步，跪下请求道："请大王演奏。"秦王还是不肯。蔺相如就大声道："我与大王距离五步以内，您如果不肯答应，我们就同归于尽！"

秦王身边之人大骇，意欲上前诛杀蔺相如，蔺相如怒目而叱，他们都不敢上前动手。于是秦王无奈，很不高兴地敲了一下缶。蔺相如赶紧召上赵国的史官，让他记下："某年某月某日，秦王为赵王击缶。"这一下，秦王的外交计划又全部化为泡影。

赵国的这次外交不卑不亢，又得益于蔺相如。于是归国后，赵王更加欣赏蔺相如，并且把功劳都记在了蔺相如的头上，封了蔺相如为上卿，地位要高于廉颇。

廉颇就很抑郁，自己常年攻城野战，方取得在赵国如此地位，蔺相如耍两下嘴皮子就做到了，于是他宣言要羞辱蔺相如。

其实，廉颇并不能把责任都推卸到蔺相如的头上，廉颇此前与秦国打仗屡打败仗和他在送赵王赶赴秦王盟会时说的那番话已经足以让赵王疏远廉颇了，而在赵王接连遭遇秦王欺负的紧要关头，屡屡都是蔺相如站出来帮忙，这也难怪赵王。

当然，廉颇并不真是小肚鸡肠的人，他在后来明白了一个国家文臣与武将内耗将会给国家带来的危害，他也明白了文臣与武将只是在国家内的分工不同，他们"先国家而后私仇"的责任感都是一致的，于是他后来裸露上身，背着荆条去蔺相如家请罪，这就是后来家喻户晓的"将相和"的故事。

因此，廉颇对蔺相如的恨只是一时的小恨，这在他跌宕起伏的人生之中只是一段小小的插曲，并没有什么，之后廉颇被赵括代将一事才是他一生之中最恨之事。只是，这种恨他向谁去诉说呢？

光阴荏苒，日子很快过去了十几年。曾把赵国卫国重任交付廉颇之手的赵惠文王故去了，与廉颇曾官居同位的、都曾声名显赫一时的赵奢死掉了，蔺相如也病重奄奄一息了。

而此时，秦国统一六国的步伐已然迈开，不可一世的战神白起四处攻城略地，此刻，他已把战火燃烧到了赵国边境长平。这次攻打赵国的起因是秦昭襄王四十七年，秦国攻打韩国上党，上党人都不愿意投降秦国，于是打算投靠赵国。上党这个地方很大，拥有17

座城池。所以赵王毫不犹豫地接受了上党人的投降，随后赵国就派兵占领了上党，这就造成了秦兵与赵兵的对峙。

此时，赵惠文王已死，赵惠文王之子赵孝成王起先派遣老将廉颇去长平与白起对垒。廉颇接连吃了几次败仗，然后老成稳重的廉颇知道打下去不是办法，而秦军远赴赵国作战，粮草问题就是秦军的致命伤，于是，廉颇就决定坚守不出。任白起如何挑战、在阵前如何谩骂，廉颇只当没看见没听见。

赵孝成王在廉颇吃了几次败仗之后，在"战"与"降"的问题上摇摆不定，朝中大臣以楼昌为代表的"主降派"主张坚持作战没有用处，不如割让城池与秦国结盟。以虞卿为代表的"主战派"力主一定不能对秦国软弱，对垒要继续下去，当然，以赵国的实力而言自然不能与秦国相抗衡，但如果能联合其他几国，情况就不一样了，于是虞卿指出结盟是必然的，但结盟的对象不能是秦国，而应该是楚国、魏国这些国家。

虞卿的这一席话实际上很有道理，然而却没有得到赵孝成王的采纳。赵孝成王选择了派遣使者去秦国结盟，意图让秦国罢兵。结果秦国不仅没有罢兵，反而把赵国与秦国结盟这件事情大肆宣扬，以至于其后，再没有国家愿意在赵国危难的时候伸出援手了。

这也让廉颇陷入孤立无援的窘境。所以，廉颇在此时果断选择坚守是正确的。即使是战神白起，此时也拿廉颇没有办法。白起与廉颇都知道，再这样下去，这场战争就会因为秦军粮草匮乏、军士疲乏而不了了之。白起他不能坐以待毙，他不能领着无功之师回朝面见秦王。

于是，白起玩起了反间计。自古以来，反间计都是很有用处的。兵法家孙子指出"将在外，君令有所不受"，虽然这句话很有道理，但说句实话，这句话最容易导致君主怀疑拥兵在外的将军了。所以，反间计自然有它生存的空间。"王侯将相宁有种乎"这句话也可以作为反间计成功的依据，连亲兄弟、亲父子都能为了王权而展开殊死搏斗，更别说不是骨肉的将军了。

白起四处散播谣言，说廉颇不想作战是意图拥兵自重，打算谋反。廉颇是辅佐前朝君王而起来的将军，所谓"一朝天子一朝臣"，廉颇本就不得赵孝成王的欢喜，于是赵孝成王怀疑廉颇就在情理之中了。白起紧接着又散播谣言道："廉颇不是白起对手，老做缩头乌龟，白起根本不在乎廉颇，白起最害怕的是马服君赵奢的儿子赵括。"

白起的做法很有意思，他知道只让赵孝成王怀疑廉颇是不够的，因为赵国国内能兵善战的将军就只有廉颇了，赵孝成王怀疑是怀疑，但打仗还得倚仗廉颇，于是白起就进一步引导赵孝成王，赵国能打仗的可不止廉颇一个人，赵括就完全可以取代他。这样一来，等于白起给赵孝成王提出了有"建设性"的建议，就怪不得此后赵孝成王就顺着白起引导的道路去走了。

赵括从小学习兵法，谈论起兵法来头头是道，他与父亲赵奢谈论兵法，兵法家赵奢也不能够难倒赵括。但赵奢从不对人称赞自己的儿子，更加没有向赵王举荐自己的儿子。赵奢的妻子就很不理解，于是问赵奢，哪有父亲这样对待孩子的呢？赵奢就说道："战争是危险而残酷的，而赵括枉读兵书，只知兵法而没有把将士们的生命放在第一位，他怎么能做将军呢？如果以后赵国竟有一天会让赵括担任将军，他一定会被打败，而且我害怕会败得很惨！"

而此时，赵孝成王竟真的打算派遣纸上谈兵的赵括替代廉颇为将了。赵括的母亲听到这个消息，就上朝向赵王禀诉说："赵奢领兵打仗，与将士们在一起吃饭，君王的赏赐他从不带回家，都是直接与将士们一起分享。而如今赵括的做法与其父完全相反，自私自利，倚权自重，他与将士们的距离大到将士们不敢仰视他，希望大王不要让赵括担任将军。"

年轻的赵孝成王没有听进去。赵孝成王七年，廉颇的将军位置被赵括取代。

其后，老谋深算的白起轻松地击败了赵括，并且一手造成了史上最惨悲剧：在这场战争中赵军被坑杀了40余万。这场惨绝人寰的战争史称"长平之战"。此后，赵国都城邯郸更是被秦兵重重围困一年多，如果不是楚国、魏国出兵相救，只怕赵国就此亡国。

长平之战给赵国带来了极为恶劣的影响，此后，许多国家开始藐视赵国，比如燕国。燕国是赵国的邻国，本来国力比赵国弱，因为这次赵国大败，燕国就派遣了丞相栗腹赶赴赵国打探虚实。回来后，栗腹向燕王报告："赵国的青壮年都战死在长平，而赵国的遗孤们还未长大，这正是征伐赵国的最有利时机。"

燕王于是让栗腹和卿秦作为大将兵分二路带兵攻打赵国，这次赵孝成王终于知道起用了廉颇，老将廉颇在这次大战中大发神威，率领着老弱病残，不仅打退了燕军的侵犯，更重要的是捍卫了赵国的国威；对于廉颇个人而言，他稳固了自己在赵国的地位，使赵孝成王知道了自己对于赵国的重要性。战后，廉颇也因此被封为信平君，担任了赵国的假相国。

实际上，在他重登权力巅峰之前，他也品尝到了人生中的第三恨：恨门客趋炎附势。这是怎么回事呢？

在春秋战国时期，诞生了一种全新的职业，为天下有一技之长的人谋得了出路，这就是门客。俗话说："将门有将，相门有相。"门客做的就是辅佐王侯将相的工作，也相当于我们如今领导身边的智囊团。很自然，廉颇打了那么多年的胜仗，直至后来被封为信平君，是与他的门客们在暗中的帮助分不开的。

在廉颇被赵括取代以前，廉颇本人的确在赵国权势熏天，在他身边也聚拢了很多门客。在廉颇被赵括取代之后，廉颇就此失势，落寞地从战场前方卸甲归来，门客们认为，廉颇绝对不会再次被赵王起用了，因为如今的赵孝成王已不是当年对廉颇言听计从的赵惠文王了。所以，门客们开始陆陆续续地走散，纷纷离开廉颇，转而去投靠更有前途的人。

这种局面其实也在廉颇的意料之中，所谓"树倒猢狲散"就是这么一回事，道理很简单，所以如果仅仅只是这样，廉颇不应该叹恨。真正让廉颇叹恨的是后来赵括被打败后，廉颇重获赵孝成王信任，再次被命为赵国大将，之前走散的门客们又纷纷回来投靠廉颇了。于是廉颇非常生气，拒绝让这些门客归来。其中就有一个门客说了："唉，您怎么这么想呢？如今天下人之间的交往，早不讲究义气了，而仅仅是一场交易罢了。您有钱有势，自然有人投靠您，您没钱没势，又不能给别人带来好处，别人为什么要投靠您呢？"

这名门客说的话很直，但道出了很多朋友交往的本质。其实，廉颇也明白其中的道理，虽然《史记》并没有说清楚廉颇后来有没有坦然接纳这些门客，但想必廉颇最终不会看不开的。

不过，廉颇的霉运并没有走到尽头，他侍奉的第三位赵国君主赵孝成王没过几年又死掉了，他的儿子赵悼襄王继位。

赵悼襄王继位后，一开始又没把廉颇放在眼里，并且把廉颇逼到了魏国大梁了。虽然廉颇是一员名将，但魏国却并不敢重用廉颇，因为魏王怎么也不敢相信，赵王怎么可能愚蠢到了如此地步，居然放着这么一位名将还把他赶出来！所以魏王以为这是赵国的一个骗局。这真是廉颇的一大悲哀！

廉颇走后的这一段时间，赵国虽然又出现了一位名将李牧，但之后随着秦国实力越来越强大，加上赵王偏信奸佞，赵国在与秦国交战的过程中屡屡受挫。之后过了几年，赵悼襄王又死掉了，其子赵王迁继位。

在国运日颓的状况下，赵王迁又想起了老将廉颇。于是赵王迁派使者赶赴魏国大梁秘密接洽廉颇，询问廉颇能否回国征战。廉颇本人因为在魏国得不到魏王信任，碌碌无为，也十分想回到赵国。

但廉颇最终却没能如尝所愿，这正是他人生中的最后一恨。廉颇在赵国如日中天之时，得罪了赵王的另一位宠臣郭开。郭开害怕廉颇回国重获赵王信任，于是暗中塞了很多钱给这位使者，让他回国后多说廉颇的坏话。

使者见到了廉颇，廉颇为了在使者面前展示自己的雄风，一顿饭吃了一斗米、十斤肉，然后披上铠甲，跨上战马，将军虽老，威风犹存！廉颇以为自己肯定能够得到赵王的征召，于是满怀期待地在大梁等待。但使者回到赵国之后，他对赵王的报告却是："廉将军虽然已经老了，但还和以前一样能吃饭。然而就一顿饭的功夫，廉将军已经上了三次厕所。"（悲哀的是，若干年以后，赵国名将李牧也遭到郭开的谗言，最终被杀。）

赵王迁认为廉颇老了，于是就没有征召廉颇。廉颇在大梁苦苦等待，等到的不是赵国的使者，却等到了楚国的使者。原来此时楚王听说了廉颇的事情，就暗地里派人过来接走了廉颇。

然而悲哀的是，虽然楚王任用廉颇为将，但廉颇却再未立下什么功劳，廉颇终于在楚国的寿春寂寂死去。

佞臣往往能数朝得宠，郭开就是如此。之前逼走廉颇，时任国君是赵悼襄王。赵悼襄王的儿子赵幽穆王仍然非常宠爱佞臣郭开。后来秦将王翦攻打赵国，怎么打也打不下来。当时赵国的将军是李牧，是继廉颇之后的另一员悍将。王翦就送给了郭开很多钱，让他在赵王面前说李牧的坏话，说李牧要造反。

赵王就杀了李牧，另派人去对抗秦军。没几个月，赵军就溃败了，这一次就再无救药了，因为连赵幽穆王都一起被俘虏了，赵国也就灭亡了。

### ◆ 司马迁之恨

司马迁写成《史记》，有一半是拜李陵之赐。

李陵是李广的孙子。李广是抗击匈奴名将，人称"飞将军"。

李家世代擅长射箭。李广平生嘴巴比较笨拙，唯一的爱好就是射箭，赵本山指着"马甲"笑话活着，李广就是指着"射箭"活着。

李陵是李家最有出息的一个子孙。他继承了李家射箭的绝技，然后一直待在汉朝边境训练 5000 名士兵射箭，守卫边疆。

后来，汉武帝派他的小舅子李广利率兵 3 万攻击匈奴，另外让李陵领他的 5000 名射手分散匈奴兵力。等到了李陵可以撤军的时候，不想，李陵却遭到了匈奴单于的 8 万军队的包围。李陵奋战了 8 天，杀死了 1 万多名匈奴人。最后弹尽粮绝，汉朝救兵又不来。李陵怕全军覆没，然后就投降了。最后，从这 5000 人里逃回汉朝的居然有 400 多人，在杀死了 1 万多匈奴兵的大前提下，居然还是能幸存400 多人，足可见得李陵的保护得力。

李陵投降后，汉武帝灭了李家一族。

　　我们再来看看汉武帝的小舅子李广利。后来他率了6万骑兵、10万步兵，再加上其它几路部队约有7万余人共同讨伐匈奴。结局是李广利投降匈奴，逃回来的士兵呢，《史记》记载，"得来还千人一两人耳"。

　　这就是李陵与李广利的一点差距。

　　所以，司马迁在《匈奴列传》的最后，发出了这样的感慨："且欲兴圣统，唯在择任将相哉！唯在择任将相哉！"连用了两句这样的话，我们足可从中读出司马迁对汉武帝的批评，那就是任人唯亲、不辨忠奸。

　　司马迁因为在朝中替李陵说好话，说李陵只是假装投降，结果不光李氏一族被抄家，自己也要被暴怒中的汉武帝处死。据有人考证，汉武帝在这里对司马迁是二罪并罚，因为之前汉武帝听说司马迁在写他的父亲和他的本纪，于是叫司马迁拿给他看。他一看，怎么把我和我爹写得这样面目全非？于是大怒，命人把这两章的竹简全部削掉，扔到火中烧掉。所以，今天我们看《史记》里的《孝景帝本纪》，记载得异常简略；而《孝武帝本纪》，干脆全部照《封禅书》抄，几乎一个字也没有改动。

　　司马迁在这里就冤大了。但他也没有办法。只有逆来顺受。按照汉朝律例，他的死罪可以花钱赎罪，但要50万钱，司马迁哪里有？另一条路就是以宫刑替代死刑。

　　他的亲朋好友，都怕惹祸上身，没一个人愿意帮他凑钱。所以司马迁对"世态炎凉"这个词可谓理解的异常深刻透彻。所以他在《史记》里屡屡提到类似记载，比如《孟尝君列传》和《廉颇列传》。

　　《孟尝君列传》记载，孟尝君得势时，门客三千；后失势，门客全走；继而又得势，门客一个个又都回来。孟尝君就很生气，要赶他们走，孟尝君的一个门客就劝他，这也是司马迁要表达他的人生观和世界观："生者必有死，物之必至也；富贵多士，贫贱寡友，事之固然也。"

如果说这里司马迁心态还比较平和的话，《廉颇列传》的记载表达得就显得十分愤慨了。廉颇被赵括替代后，失势在家，他的门客都走了；等到后来他又当上了将军，他的门客又都来了。廉颇也想赶他们走，他的客人就说："夫天下以市道交，君有势，我则从君，君无势则去，此固其理也，有何怨乎？"

这就是司马迁的恨了，于是他只有选择了以宫刑替代死刑的必走之路。然后，在《史记》的其他列传里曲笔来写在汉武帝时的一些事迹。

司马迁对汉武帝的许多行为做法实际上是很不满的，除了刚才说的任人唯亲、不辨忠奸，致使自己也深受其害、惨遭宫刑外，还比如说好大喜功，常年对边疆少数民族发动战争；比如说重用酷吏，老子说："法令滋章，盗贼多有。"到汉武帝的时候正是如此。当时因为盗贼遍布天下，汉武帝就颁布了一道命令，叫"沉命法"。意思是没有发现自己辖区的盗贼，或者发现了盗贼却不能悉数抓捕归案的俸禄二千石以下的大小官员，全部都要被处死。结果因为法令太过严苛，汉朝的官员全都阳奉阴违，上下隐瞒。弄得吏治败坏，一塌糊涂。

另外，司马迁在《游侠列传》里说了这么一句话："何知仁义，已飨其利者为有德。"矛头也有指向汉武帝，意思是管统治者有没有仁义干吗？天下有奶便是娘，只要给了我好处我就说他英明神武。

司马迁在这里是公然挑衅统治者的权威了，尽管他不敢明灯明火地指向汉武帝，但仔细口味又怎么能看不出来呢？

### ◆ 蒯通之恨

郦食其是汉王刘邦手下的一名很有名的辩士，蒯通是韩信手下的一名也很有名的辩士。两人的区别在于郦食其的眼光比蒯通的眼光准，选对了刘邦。而无疑，蒯通比郦食其更胜一筹，他让郦食其早早死去。

刘邦是个流氓，没什么谋略，但人比较滑头，他能有错就改。有利益他能和大家一起分享，还有个优点就是善于用人，当时的人们评价他说他是"长者"，意思是有道德的人。看来古人的道德观和我们现在很不一样。因为我们可以看到，刘邦的个性可以说和黑社会老大一模一样，很多有才能的人最后都投靠了他，比如，我们今天要讲的郦食其。

郦食其很有才华，他有个老乡在刘邦手下当兵，郦食其让他的老乡替他引荐一下。他的老乡就说："沛公不好儒，诸客冠儒冠来者，沛公辄解其冠，溲溺其中。与人言，常大骂。未可以儒生说也。"

后来，刘邦接见郦食其的时候，他还在让两个女子给他洗脚呢。但听完郦食其的高论后，很快刘邦就对郦食其客气起来，重用起了郦食其。

后来楚汉争雄的时候，刘邦一方面派郦食其去游说齐王田广，另一方面派韩信领兵攻打齐国。

郦食其见到齐王后，一边痛诉项羽的种种暴行和失德之处，另一方面又陈述刘邦的仁厚和智谋，然后再说天下的大势如今在刘邦这边，你齐王现在不归降，还要等什么时候呢？

齐王田广一听，很有道理，然后就答应投降刘邦，继而撤除了边境的守兵。

这时，韩信正在与齐国接壤的一条河的对面驻兵呢，他一看，齐国撤除守兵了，郦食其的游说成功了，我不用打了，可以撤军了。蒯通就开始游说韩信，说："将军受诏击齐，而汉独发间使下齐，宁有诏止将军乎？何以得毋行也！且郦生一士，伏轼掉三寸之舌，下齐七十余城，将军将数万众，岁余乃下赵五十余，为将数岁，反不如一竖儒之功乎？"

大家看，蒯通自己也是个儒生，还骂郦食其是个竖儒呢。

韩信一听蒯通的话，很有道理啊，于是就率军摸夜过河，因为齐国一点戒备也没有，故一举击溃齐国。齐王田广很是上火，怎么搞的！我都答应投降了，你们还要打我！打我也就罢了，还在我没有戒备的时候打我！

于是齐王田广就把郦食其给烹了。

正可谓"辩士相煎何太急"啊。郦食其被蒯通害死了，那我们来看看蒯通的下场。

韩信夺得了齐国以后，有了兵权，又有了地盘，于是逼刘邦分封他为"假齐王"。刘邦一开始大怒，准备骂韩信派来的使者，后来陈平和张良悄悄地对刘邦说，现在你要靠的就是韩信，你怎么还能骂他呢？

刘邦醒悟过来，就骂这名使者说："大丈夫定诸侯，即为真王耳，何以假为！"于是就封韩信为"齐王"。

这时天下大势，有一个叫武涉的人说得好："当今二王之事，权在足下。足下右投则汉王胜，左投则项王胜。"

蒯通是个聪明人，怎会看不出来，于是他想让韩信听他的话，称孤一方。他说："诚能听臣之计，莫若两利而俱存之，叄分天下，鼎足而居，其势莫敢先动。"

蒯通的计策是正确的。也符合历史潮流"天下大势，合久必分，分久必合"的特征。我们看看此后中国朝代的替换，走得几乎都是这一条路。秦统一后，原则上是要有一分的。拿蒯通的话说，当时的局势就是个三足鼎立的局势。

但是让我们很感慨的是，韩信是个优柔寡断的人，韩信最后还是没有反叛刘邦。作为执掌将帅者，性格最不能优柔寡断，所谓"当断不断，必受其乱"。

韩信自认为项羽不会用人，常说他在项羽手下那么久都只能做个看大门的。殊不知项羽毕竟还有领袖的风范，韩信却只能做一名将军罢了。因为第一，他没有项羽的气质，裤裆都能钻的人注定不会是领导人；第二，他的不会用人更有甚于项羽，蒯通这么好的谋士，项羽因为有刚愎自用的毛病不能用，他却也不能用；第三，他不讲信用，不得人心。项羽战败后，他的一名大将叫钟离昧，因为和韩信有交情，所以来投奔他，韩信后来怕刘邦怀疑他造反，最后，这样一个落难之人，对谁都没有威胁的人，反而被他的好朋友韩信杀死了。所以，对于韩信最后被杀，管他有没有反叛之心呢，都是咎由自取。我在这里之所以没有写"韩信之恨"，是因为实际上韩信是不值得同情的。

最后，我们只能感慨蒯通的"口利眼拙"了。因为韩信这个家伙，临死时候，还不忘要拉蒯通一把，不是把他往上拉，而是把他拉下水，说，哎，真后悔没有听蒯通的话啊。

最后刘邦一听，什么，还有个蒯通要谋反哪！弄得蒯通差一点就被刘邦烹了。还好蒯通说了这么一番话："跖之狗吠尧，尧非不仁，狗因吠非其主。当是时，臣唯独知韩信，非知陛下也。"刘邦才放了他。

◆ 商鞅之恨

商鞅本名公孙鞅，是卫国人，为人聪明果敢。因为魏国强大，于是就去了魏国，年纪轻轻就成了魏国国相公叔座的智囊，公叔座将他举荐给魏惠王，魏惠王当时认为自己国力足可以称霸天下，所以特别有雄心壮志。他并不认为这个初出茅庐的年轻人能帮助自己实现理想，觉得公叔座对商鞅的夸赞有些言过其实。

就这样，商鞅因为得不到重用，恰逢公叔座死了，加上秦国的秦孝公正在招揽天下英才，于是便西行到了秦国，教秦孝公称霸诸侯的办法。

实际上，商鞅的本意不是这样，商鞅的本意是用儒家之法慢慢强大秦国，让秦孝公用帝道、王道来治理、强大秦国。前两次晋见，秦孝公听了商鞅的儒家之法后，老打瞌睡，商鞅知道，他自己的机会不多了，于是第三次晋见秦孝公的时候，商鞅只好讲起了急功近利的法家学说。而这次，秦孝公听得入了神，一连和商鞅谈了好几天，感觉仍然没有谈够。

然而，真要下决心变法，秦孝公又怕不能成功，徒留他人笑柄，同时朝廷内部关于变法有无必要也展开了激烈的争吵。商鞅实在是一个卓越的演讲家，他针对大家的质疑，一一予以解释和反驳。他最精彩的一句话是："民不可与虑始而可与乐成，论至德者不和于俗，成大功者不谋与众。"意思是老百姓都会厌恶一个不稳定的预期，一定会在变法开始的时候担忧是不是现状会变得更糟糕而犹豫不决，所以和他们讨论是否要做一件事是没有必要的，真正做大事的人在有了成熟的想法后必然会力排众议，再回报给大家一个符合甚至超过预期的成果。

于是秦孝公决定重用商鞅，实行变法。商鞅变法的要点主要有：连坐制，重刑罚，奖励军功，团结国民，农业立国，逐步废除奴隶制，贯彻逐步废除宗亲制后的等级观念。

商鞅变法骤然如此大变，老百姓并不适应，旧有的思维和习惯也都没改过来。商鞅想了一个办法，表明了自己认真的态度。他让人在都城南门立了一根三丈长的巨木，宣布谁能将它搬到北门就奖赏十金。命令一下，众人皆不以为然，觉得这么容易就能拿到十金，背后说不定有圈套。商鞅一看没人领命，把奖赏提到了五十金。奖金一下子翻了五倍，这笔巨款好多人一辈子都没有见过，于是有好事者把巨木从南门搬到了北门，商鞅立即兑现诺言，一下子轰动整个都城。

于是，商鞅的其他命令就这样推行了下去，但执行起来难度仍然很大，受到许多王公贵族们的抵制。商鞅知道，虽然新法推行下去了，但执行力度并不够，因为执行者本身就是这些王公贵族，他们并不信服新法，变法的效果大打折扣。这时，他需要他的变法真正触动人们的灵魂，他在寻找时机。

合适的机会来了，秦国的太子犯了法，商鞅不可能放过这次机会，他找到秦孝公，征求秦孝公关于惩处太子的意见。商鞅道："如今新法推行不下去，是因为执法者本身犯法，所以老百姓不信服。"秦孝公同意商鞅的看法，商鞅给了一个折中的处理方式：太子本人万金之躯，不能亲自受到刑罚，但太子犯法，他的老师难辞其咎，可以把责任推到他的老师头上来。于是，太子的一个老师公子虔被罚，另一个老师公孙贾被脸上刺字。

这件事引发了秦国上下极大的震动，不管是执法者，还是普通百姓，再也没有人敢藐视、无视新法了——原来法律并不通人情。就这样，新法大行于秦国。十年后，秦国在变法的推动下，上下一心，民风淳朴，完全符合商鞅的预期。

变法取得了信任后，商鞅接下来把重点放在了经济建设方面，在他的建议下，秦国迁都咸阳，废井田，开阡陌，改革税制，统一度量衡，五年后，秦国真正强大起来。其间，悲剧的是太子的老师公子虔犯了法，商鞅上次对他网开一面，没有对他动肉刑，这次动了比公孙贾更狠的肉刑——他割去了公子虔的鼻子，从此公子虔再也无法抛头露面。

商鞅变法大获成功，下一步他把重点放在了秦国的对外扩张上面，这也是秦孝公重用商鞅的真正用意。他建议秦孝公先打魏国，魏国当时国力强大，定都安邑，靠近秦国，且有山河之险可以依靠，对秦国威胁极大。魏国当时刚刚被齐国打败，连太子都被齐国俘虏。在秦国的进攻下，魏国果然大败，被迫往内陆迁都大梁，魏惠王从此又被称为梁惠王，他此时感慨道："我真后悔当初没有听从公叔座的话，去重用商鞅，至少，当初也应该杀了他以绝后患。"魏国从此国势大衰。

商鞅这一战后，因为军功，获得了自己的封邑——商，从此他才叫商鞅。商鞅成了他自己变法后的既得利益者，获得了秦孝公极大的信任，难免骄傲起来，生活豪奢，他自知得罪了许多人，每次出行，都要十辆兵车陪护。有个叫赵良的人劝他如果再不改变自己的严酷刑法，仍不考虑以道德来教化百姓，不如就此急流勇退，归隐田园，免得秦孝公死后，自己死得不得其所。但商鞅并没有听从。

过了五个月后，秦孝公死了，太子继位。一切果如赵良所言，八年没敢出门的公子虔以及其他被商鞅得罪的人一起诬告商鞅谋反，抓捕商鞅。商鞅逃到一家客栈，打算入住，但店主一定要商鞅拿出身份证明，并且告诉商鞅说："商鞅的新法规定，让陌生人住下，不查看其身份的，如果陌生人有罪，店主将和他同罪。"店主所说的其实就是连坐制，一人获罪，知道内情的人不去揭发，就是等罪。商鞅感叹道："哎呀，没想到新法的弊端到了这种地步，今天终于自尝苦果。"

商鞅打算逃亡到魏国，但魏国人埋怨商鞅当年用欺诈的手段打败了魏国军队，不愿意接纳商鞅。商鞅只得逃亡到自己的封邑，发动自己封地的军队来攻打郑国这个小国，以图自保，但被秦军和郑军联合打败。商鞅最终被五马分尸，家族同时被夷灭。

商鞅在秦国，吴起在魏国、在楚国，均实行了制度改革，成了大改革家，他们的成功改革逐步推翻了春秋战国长期以来存在的旧有公族制。然而改革带来的阵痛，在那个时代却只能由他们来承担，所以他们死得很惨。之后也有如申不害、张仪、苏秦、公孙衍这样的演说家在一些国家凭着三寸不烂之舌谋取高位，但他们有鉴于商鞅吴起的下场，普遍缺乏大刀阔斧的改革精神，而且为了明哲保身，对内不敢得罪权贵，对外往往不惜使用欺诈的手段，这些为官处世的谋略之术渐渐流行开来。

## ◆ 乐毅之恨

战国后期，在秦国推行远交近攻的扩张战略的时候，东方的一些国家并没有意识到秦国的巨大威胁，不光不齐心合力来抵御秦国，甚至还热衷于彼此伤害。这段时期最震撼人心的一件大事莫过于燕王哙将王位禅让给了自己的宰相子之了。因为三皇五帝的影响，又因为世袭制的一些弊病，再加上天灾人祸的昭示，禅让制一直是中国儒家某些支派推崇的传统观点，不少读书人因为向皇帝进言而被皇帝杀头的，但也有成功的，就如这一例。

在改朝换代的时候，新任君主为了证明自己的正统地位，往往要走个形式，要求前任君主将皇位禅让于己，除此之外，禅让往往造成国家动荡，汉末的王莽如此，战国的燕王哙也不例外。结果是齐国趁燕国动荡，率军进攻燕国，毁其宗庙，迁其重宝，燕国几近亡国。

燕王哙在战乱中死去，燕国人拥立燕王哙的太子平即位，他就是历史上有名的燕昭王。燕昭王承接的是江山残破的燕国，为报杀父之仇，他励精图治，特别注意人才。关于这一点，《战国策》讲了一个"郭隗说燕昭王求士"的故事，郭隗说从前有一个君王想找千里马，一个宦官花了重金买了一个死去的千里马的头颅回来，君王本来很生气，但宦官道："如果您连死去的千里马都肯花重金买，更何况活着的千里马呢？"果然没多久，君王就得到了好几匹远方来的千里马。然后郭隗劝燕昭王重用自己，说连我这样的人您都重用，更何况天下贤才呢？

　　于是燕昭王修筑黄金台，招揽天下贤才，天下名士从四面八方
而至，乐毅从魏国过去，邹衍从齐国过去，剧辛从赵国过去。二十
多年后，燕国富有起来，燕昭王让乐毅作为将军，联合秦、楚、赵、
韩、魏等国一起攻打齐国，这一仗，除了莒、即墨二城以外，齐国
的其余城池都被攻陷，燕昭王因为这一战而青史留名。多年以后，
唐代的诗人陈子昂写了《登幽州台歌》，大大颂扬了燕昭王。

　　六年后，燕昭王去世，其子燕惠王即位。燕昭王这六年间，虽然莒、
即墨没有攻陷，但仍旧极为宠信乐毅，坚持让他继续领兵围攻二城。
而燕惠王却不喜欢乐毅，此时齐国的将军田单找到这个突破口，放
风出去，说乐毅长年攻不下齐国，不是攻打不下，而是因为乐毅自
己想当国王而在齐国收买人心。齐国现在就害怕燕国更换将领。

　　燕惠王中了田单的反间计，解除了乐毅的兵权，让骑劫代替了
他作为将军。乐毅畏惧被杀，逃到了赵国。如果此后燕国军队在骑
劫的带领下攻陷了莒、即墨，那自然无话可说，乐毅也不会有太大
遗憾，关键在于此后田单将骑劫打败，一战而收复了齐国所有失去
的领土。

　　燕惠王的这一次临阵换将与赵孝成王将廉颇换成只会纸上谈兵
的赵括很有的一比，骑劫这一仗也与赵括那一仗一样败得很惨很愚
蠢，只是田单的计谋比之于白起有过之而无不及。

　　首先，田单想办法堵住城内士卒陆续投降的这个窟窿，他散布
谣言，说自己害怕骑劫割掉投降士卒的鼻子，然后将没鼻子的士卒
驱赶到阵前，自己就会吃败仗。自己还害怕骑劫挖掉齐国人的祖先
的坟墓，齐国士卒便会没有士气。骑劫照做了，结果是齐国士卒不
投降了，而且同仇敌忾，士气十倍地增长。

　　其次，田单交出城里富豪的钱财，送给燕军的将领，约定不日

就投降，送上钱财是希望投降后燕军不要在城内大肆劫掠。燕军将领很高兴，在外头打了六年的仗，谁都打烦了，都盼着赶快回燕国，于是斗志便松懈了，防范之心也消退了。

这之后，田单准备好一千多头牛，在牛角上绑上匕首，在尾巴上绑好燃烧的浸泡了油脂的芦苇，摆出火牛阵，驱赶牛群攻向几乎没有防备的燕军，后面跟上 5000 名死士，一举击溃燕军，燕军占领的城池纷纷重新归顺齐国，田单一路上尽收失地。骑劫也在战斗中死去。

燕惠王大惊失色，但大势已去，此时，他内心十分后悔，想起了乐毅，但此时乐毅已经身在赵国。乐毅为何要不辞而别逃到赵国？乐毅这么厉害，如果他率领赵军攻打刚吃了败仗的燕国该怎么办？于是，他给远在赵国的乐毅写了一封信，信里写道：

"先王举国而委将军，将军为燕破齐，报先王之仇，天下莫不振动。寡人岂敢一日而忘将军之功哉！会先王弃群臣，寡人新即位，左右误寡人。寡人之使骑劫代将军，为将军久暴露于外，故召将军，且休计事。将军过听，以与寡人有隙，遂捐燕而归赵。将军自为计则可矣，而亦何以报先王之所以遇将军之意乎？"

大概意思是我听信了小人谗言，让骑劫代替你为将军，你抛弃燕国去了赵国，你怎么回报先王（燕昭王）的恩德呢？信里隐去了自己的责任，对乐毅离开燕国一事则大有指责之意。

乐毅接到这封信后，不卑不亢地给燕惠王回了一封信，这就是历史上有名的《乐毅报燕王书》，信里面将燕惠王比作当年的吴王夫差，把自己比作伍子胥，伍子胥给吴王夫差立下了汗马功劳，最

终却被吴王夫差赐死，抛尸江中喂鱼。伍子胥没有好下场，而吴王
夫差也落了一个骂名。于是乐毅写了这么一句话："臣不佞，不能
奉承先王之教，以顺左右之心，恐抵斧质之罪，以伤先王之明，而
又害于足下之义，故遁逃奔赵。"意思是我之所以逃到赵国，是怕
你杀了我之后，坏了燕昭王和你的名声。

信的末尾，乐毅表达了自己与燕惠王恩断义绝的决心，他写道：
"臣闻古之君子，交绝不出恶声；忠臣之去也，不洁其名。"意思
是我们虽然不相往来，但也不要骂我不懂得报恩，我自然也不会诋
毁你来借此抬高我的声名。

乐毅无疑是一代良将，他的见识水平似乎又在同是一代名将的
廉颇之上，廉颇遭到小人谗言后，离开赵国去了魏国和楚国，但再
也打不出有影响力的战争，他临死前的话是："我想用赵国人。"
廉颇想到的更多的是自己、是战争；而乐毅不同，历史并没有再记
载他打仗的事情，记载的是他此后作为使者往来于燕赵之间，成为
两国之间展开良好沟通的纽带。乐毅当初的为人代将之恨随着燕惠
王的诚心悔过，随着燕惠王封乐毅的儿子乐间为昌国君，就此烟消
云散了。

### ◆ 吕雉之恨

刘邦去世以后，虽然是儿子汉孝惠帝刘盈继位，但其帝位并不
被司马迁所认可，司马迁认为汉孝惠帝时吕雉掌揽大权，故《高祖
本纪》后接着便是《吕太后本纪》，故意漏去了汉孝惠帝。可能也
因为吕雉的强势，她的儿子刘盈性格才偏于软弱，刘邦认为刘盈这

种性格不适合当帝王，总想着废除他。

吕雉乃刘邦结发妻子，杀死韩信与彭越等人，吕雉出力甚多，彭越被剁成肉酱后送给其他诸侯王以图震慑他们，估计也是吕雉的主意。刘邦死后，为了排除异己，吕雉手段之狠毒也令人咂舌。

比如，刘邦在与吕雉生下刘盈之前，他与一位曹姓女人生了一个私生子，就是后来的齐王刘肥。吕雉本来就不喜欢刘邦的这个私生子，等到刘肥来京城朝拜时，汉孝惠帝认为刘肥是自己兄长，便尊其为上座。吕雉知道以后越发不高兴，便命人送给刘肥一杯毒酒，意图毒死他，好容易才幸免于难。也因为这样，等到吕雉死后，大家酝酿着诛杀吕氏家族，齐王首先率军勤王。

再如，刘邦晚年总想立自己的爱妃戚夫人的儿子刘如意为太子，等到刘邦死后，吕雉便下毒毒死刘如意，然后把戚夫人手脚砍断，做成惨无人道的"人彘"，还命刘盈参观，刘盈知道详情后，叹道："此非人所为。"他意识到自己绝不能为了所谓的政治利益做出这一类事情，或许真如父亲所言，软弱的性格并不适合作为帝王，于是再也不愿意卷入尔虞我诈的权力之争，管理朝廷政务的事情就此落入了吕雉之手。

吕雉为了稳固自己的权力和地位，便想着给自己的娘家人封王。但是刘邦生前为了稳固刘氏天下，曾与大臣一起杀白马立盟誓道："非刘氏而王，天下共击之。"吕雉为达到目的，先把自己的孙子们一个个封王。然而汉孝惠帝的儿子们都是吕雉通过狸猫换太子的手段得来的，全都不是自己的亲生儿子，是否他们都姓吕这只有吕雉自己心里清楚了，这实在是一件悲哀的事情，要是让刘邦泉下有知，岂不要吐血三升！

吕雉最出格的事莫过于把女儿嫁给张敖，然后让张敖的女儿嫁给自己的儿子汉孝惠帝，就是说汉孝惠帝被迫娶了自己的外甥女。最后张敖的女儿生不出孩子，吕雉让她假装怀孕，等到要生孩子的时候，取来别人的孩子冒充，之后立其为太子。整个后宫让吕雉弄成什么样子就可想而知了。

然后吕雉给吕氏封侯，再陆续给吕氏封王。刘氏子弟共有 9 人封王，而吕氏子弟有 3 人封王。吕雉还不满足，还把吕氏的女儿们纷纷嫁给刘氏子弟，如朱虚侯刘章、琅邪王刘泽、赵王刘友、赵王刘恢都被迫娶了吕氏女，先后两位赵王都因为不爱吕氏女而死，刘友被吕雉囚禁饿死，刘恢被迫自杀，可见这些吕氏女骄纵到何等地步。幸而此时吕雉病重，很快驾鹤仙去，要不然刘氏天下真是岌岌可危，吕雉这么一闹，真正让人意识到外戚专权的可怕，司马迁也专门为外戚立了一个《外戚列传》，外戚问题也影响到了汉朝此后许多决策的制定。

吕雉临死前做得最狠的一个决定是让赵王吕禄和吕王吕产分别担任北军与南军，并告诫二人道："我死后，大臣怕会动乱，你们领军守卫好王宫，不要为我送丧，万万不可丢掉兵权以致受制于人。"吕雉死后，吕禄和吕产想要作乱，但又不敢，朝廷内有太尉周勃、朱虚侯刘章等人，朝廷外有齐国、楚国等诸侯王勤王。吕产派灌婴率军去迎战齐国军队，但灌婴并不与齐军打仗，反而与他们联合起来，打算等吕氏作乱后，率领军队回去平定。

灌婴一事后，吕禄和吕产知道军心不定，更加不敢轻举妄动。太尉周勃和丞相陈平知道他们是时候该做点什么了，其他大臣全都首尾两端采取静观其变的态度，刘氏子弟已经实施了行动，自己身居要职，如果不加以配合，局势一旦偏向吕氏一方，则不可控制，天下危在旦夕。

然而周勃虽官居太尉，却没有兵权，他要想办法把兵权从吕禄和吕产那里夺回来。吕禄与郦商的儿子郦寄关系非常好，周勃和陈平打算从郦寄身上着手解决问题。周勃和陈平劫持了郦商，逼迫郦寄去吕禄处游说他归还兵权。郦寄针对吕禄的犹疑不决，劝说道："将军封为赵王，不去封地却越俎代庖，替代太尉领着军队留在京城，大臣们和其他诸侯都怀疑你有所图谋，你何不速速把兵权交给太尉回到赵国呢？你再待在京城，诸侯王的军队极有可能联合起来攻入京城，到那时就悔之晚矣；而你回到赵国后，身为赵王，坐拥千里国土，称霸一方，何乐不为呢？"

吕禄非常认可郦寄的这一番话，他将自己的交还兵权的想法和吕产以及其他吕氏家人商量，大家也都莫衷一是，不知该怎么办才好。只有吕嬃坚决反对吕禄交出兵权，吕嬃是吕雉的妹妹，樊哙的妻子。吕雉大封吕氏的时候，吕嬃虽为女子，但也被封侯了。吕嬃将自己家的珍宝都拿出来散出去，叹道："身为大将却丢掉兵权，吕氏哪里还有活路呢？这些财宝迟早是别人的，我守着它们干什么呢？"

周勃矫诏进入北军，令郦寄再次规劝吕禄道："皇帝已经命令太尉接管北军，你赶快交出兵符，不然祸从天降。"吕禄本身意志就动摇了，这话又是知己郦寄说的，更无怀疑，便向周勃交出了兵符。周勃来到军中第一步即想着稳定军心，他集中队伍，号令军中道："站在吕氏一边的撸起右边胳膊的袖子，站在刘氏一边的撸起左边胳膊的袖子。"没有人敢站在吕氏一边，军心就此安定。周勃的这一做法也产生了一个词语，叫"偏袒"，这是个贬义词，但究其本义，是不含褒贬的。

吕产此时并不知道吕禄丢了兵权，想带着自己的人马进入宫殿作乱，但宫门被周勃的人所把守，吕产又不敢公然为乱，只能在宫门前徘徊。周勃此时也不敢公然说诛杀吕产，只是派遣朱虚侯刘章领一千人马入宫保卫皇帝。刘章在未央宫门口与吕产对峙，到了傍晚，宫内气候大变，一时之间大风吹沙走石，刘章趁机领兵攻向吕产，吕产本就犹豫，将士也无必胜决心，兵败如山倒。吕产躲到厕所里，被刘章搜出杀死。

北军与南军就此安定，周勃知道局势已在自己的掌控之中。接下来，周勃开始了诛杀诸吕的步伐，哪个能跑？吕禄被斩杀，吕嬃被杖杀。吕氏家族不论少长，一律捕杀。

由于皇帝并非汉孝惠帝真正的儿子，也被逼退位，大臣们找到代王刘恒，立他为皇帝，他就是汉文帝，就此开启了汉代历史上有名的文景之治。

汉孝惠帝的儿子们一夜之间都被杀害，吕雉狸猫换太子的时候可曾想到会有这一天？自己苦心经营了十几年，好容易扶植起来的吕氏权力，崩如山倒。


◆ 燕太子丹之恨


说起战国末年的荆轲刺秦王，可以说是无人不知无人不晓了，这一刺杀行动的幕后主使就是燕国的太子丹。燕太子丹与秦王嬴政打小本是好朋友，他们曾在赵国一起生活过一段时间，他们怎么会反目成仇呢？这里有一个故事。

秦王嬴政的父亲秦庄襄王子楚是秦孝文王安国君的二十多个儿子之一，平庸无奇，并不受宠，在赵国做过好些年人质，原本秦国送人质到赵国就是等于向赵国承诺我不打你，否则赵国就有理由杀死人质。结果秦国对赵国发动了好几次战争，可见秦国对子楚是有多么不待见，只不过赵国想杀又不敢杀子楚，子楚才能活下来。后来因为商人吕不韦的帮助，子楚终于成为安国君的太子，而吕不韦献给子楚的舞姬也为子楚生下了儿子嬴政。当时燕太子丹恰好也在赵国做人质，他与嬴政就此交了好朋友。

此后，子楚在吕不韦的帮助下，逃回了秦国，七年后成了秦庄襄王，三年后驾崩，嬴政继任成了秦王。此时燕太子丹又来秦国当人质了，燕太子丹本来是欣然来朋友嬴政这里做人质的，但他没想到的是此时嬴政已经是秦王了，此时再见他一面已经千难万难；而秦国已然发展为超级大国，秦王嬴政事务繁多，且想着要兼并天下，也没再把这么一位老朋友放在眼里了。于是燕太子丹有了怨气，逃回了燕国。

不久，秦将樊於期得罪了秦王嬴政，逃到燕国，燕太子丹力排众议，接纳了他。这一举动似乎摆明了燕国不怕得罪秦国的态度，但秦国此前先后灭了韩国和赵国，大兵压到燕国边境，燕国本是小国，战场之上根本无力抵抗秦国，哪能说不怕秦国呢？

只不过燕太子丹另有想法，接纳樊於期是表示自己是仁义之邦，虽然燕国弱小，但也不畏强敌。既然战场上不是秦国对手，那么就采取曲线救国的策略，这便为他打算派出刺客刺杀秦王定下正义的基调。

经过燕国名士田光的举荐，燕太子丹找到了荆轲。荆轲喜欢读书击剑，当时在燕国集市上与屠夫为伍，常常与朋友高渐离二人喝酒高歌，酒酣而落泪，旁若无人，田光也因此知道荆轲与常人不同。燕太子丹与荆轲商议其计划道："假如能劫持秦王，让他把侵占的诸侯土地都返回去，这就最好了。万一不行，就杀掉秦王，秦国大军在外征战，秦国国内无兵护卫，必定大乱，我们各诸侯国趁此机会联合起来，必能一举击溃秦国。"

荆轲要求准备两样信物给自己，以便能够利用他们接近秦王。一件信物是燕国的地图，这是燕国的身家性命，秦国对燕国虎视眈眈，这样绝好的礼物送过去，就等于把自己这块肥肉放到了秦国的案板上，任人宰割了，表示燕国永不想与秦国打仗；第二件信物是樊於期的人头，这是秦王的眼中钉，杀了樊於期后，就表示燕国知道自己错了，以后也不敢与秦国作对。换句话说，这两样东西实际上是燕国向秦国表示臣服投降的意思。

燕国地图倒是好拿，但樊於期的人头却不好拿。燕太子丹当初收留他本是要表明自己是仁义之邦，如今杀掉樊於期就等于说自己是个翻云覆雨的小人，他下不去手。于是这件事只能由荆轲来当这个恶人。

荆轲来到樊於期处，和他讲了四点，第一，秦国与他诛九族的深仇大恨；第二，自己的刺杀秦王的计划及其可行性；第三，暗示太子丹对他的恩惠和如今太子丹的难处，樊於期应当自杀以报答太子丹；第四，自己此行九死一生，自己的计划也都是为了报答太子丹的知遇之恩。

一席话说完了，樊於期是个聪明人，知道荆轲也不过是比自己晚死一步而已，为这名侠义之士去死是值得的，当下便自杀，荆轲砍下了他的头颅用木盒子装了起来。最难的信物问题解决了，剩余的匕首、副手什么的准备起来就容易多了。匕首是淬了毒药的匕首，而太子丹也为荆轲安排了秦舞阳作为副手。

太子丹觉得有了秦舞阳作为副手，此次行动一定是万无一失，因为秦舞阳是燕国有名的勇士，十三岁便杀人了，走在路上都没有人敢正眼看他。但荆轲似乎对秦舞阳并不满意，临出发之际，荆轲迟迟不走，太子丹问他，他说要等待一个朋友。《史记》并没有写荆轲到底等的是谁，这也便成了一桩历史悬案。

太子丹看荆轲就是不走，怀疑他临阵脱逃，就拿话激他道："太阳就要落山了，你还不出发吗？你要是还不走的话，就让秦舞阳先去吧！"荆轲怒道："这不是你催促不催促我的问题，是因为这次行动一定要确保其万无一失的成功性，催促我有什么用，能催促成功吗？我在这里等待自然有我等待的理由，我是想等一个朋友和我一起出发，不过你觉得我故意拖延时间，那么就出发吧！"

太子丹与了解内幕的几个人都身着白色的衣冠与荆轲和秦舞阳告别，一行人送别到了易水河畔。高渐离也在场，他是乐器高手，擅长击筑，荆轲按照他的节奏唱了两句悲凉慷慨的歌："风萧萧兮易水寒，壮士一去兮不复还！"一干人等都知道这一别就是生离死别，都为之而落泪，但此事为国为民，又带着浓厚的正义色彩，因此场面悲而不伤。荆轲和秦舞阳登上马车就此别去，再不回头。

到了秦国后，秦王一听说荆轲是作为燕王献上投降书的特派使者，带了樊於期的人头，又带了燕国的地图，非常高兴，在咸阳宫接见荆轲和秦舞阳。

荆轲和秦舞阳一人捧着装着樊於期的人头的木盒子，一人捧着燕国的地图，按照次序，一先一后进了宫殿，到了台阶下，秦舞阳面对着秦王，惶恐不安，浑身发抖。宫殿内的大臣觉得秦舞阳的举动失态，有些异常。为避免秦舞阳手里的地图内藏着的匕首被人检查出来，荆轲抢先一步对秦王解释道："我们是北方蛮夷小国，从来没有见过天子的尊颜，以故失态如此，还望海涵，能让我们完成我们燕王给予我们的使命。"

　　秦王压根就不会想到前来投降的二人会有什么图谋，听着荆轲的话觉得尤其顺耳，便不再把秦舞阳的事情放在心上，就对荆轲说道："那请呈上燕国地图给我看看。"荆轲取了秦舞阳手里的地图，放在了秦王的桌案上，一点点铺开，待到全部展开，秦王陡然发现一把匕首藏在最里面，心里咯噔一下，只见荆轲迅速拿起匕首，一手抓住秦王的袖子，一手朝着秦五前胸刺过来。

　　秦王反应甚是敏捷，一挣扎，袖子断了，然后迅速起身绕着宫殿内的柱子逃跑，秦王想把腰间的长剑拔出来抵抗荆轲，被荆轲逼得紧，一时间拔不出来。宫殿内的大臣们一下子都慌了神，大臣们都不准带兵器进入宫殿，所以仓促间都不知该怎么办。而带着兵器的侍卫们全在宫殿外边，没有秦王的命令不准踏入宫殿一步。所以一时间只有荆轲跟在秦王后面绕着柱子追，如果此时但凡秦舞阳有一些男儿气慨，也会帮助荆轲堵截住秦王，然而此时秦舞阳因为恐惧早在宫殿内瘫成一堆烂泥。

　　好在此时秦王的御医夏无且拿着药箱站在一旁，此时对着荆轲举起药箱便砸了过去，荆轲被砸倒。秦王在大臣们的提示下，终于拔出了长剑，回身砍向荆轲，砍断了荆轲的大腿，荆轲无法再追了，只好举起匕首掷向秦王，但重伤之下，失了准度。秦王便对手无寸铁的荆轲开始了一顿乱砍。垂死之际，荆轲望着秦王道："之所以没杀掉你，是因为我并不想要你的命，想劫持你，让你立下契约，归还诸侯的土地而已。"

　　荆轲的话是实话，太子丹的本意也是如此，杀掉秦王只是不得已的备选方案。然而就因为秦舞阳的懦弱，没有人帮助荆轲一把，导致这一行动功败垂成。事后一位认识荆轲的朋友鲁勾践认为荆轲失败在于他剑术不高明，晋代的陶渊明曾经写诗感叹荆轲"惜哉剑术疏"，这也是一种看法。

秦王嬴政缓过劲来之后，大怒，令王翦讨伐燕国，燕国一溃千里，燕太子丹逃到了衍水，这时有人给燕王喜进言道："秦国之所以猛攻燕国，不过是想得到太子丹，你杀了太子丹，秦军就撤退了，只有这样才能保全燕国了。"燕王喜听了这话，斩了太子丹的人头送给秦国，但遗憾的是秦军并没有停止吞并燕国的步伐，几年后，燕国被秦国所灭。

说起在易水送别的高渐离，他那时为何没有随着荆轲一起远赴秦国进行这次刺杀行动呢？高渐离也是一位有勇有谋有仁有义的人，他本来是可以做荆轲副手的。荆轲死后，高渐离打算完成朋友没有完成的遗愿，他想办法混到秦王身边，不惜熏瞎自己的双眼。但也因为无人相助，自己又是个瞎子，在刺杀秦王时也失败了。

历史如果可以改写，当时荆轲的副手不是秦舞阳，而是高渐离，说不定这次的刺杀行动就有另外一个结果。虽然秦朝统一六国的局势不可能更改，但燕太子丹至少不会死得如此窝囊。如果太子丹没有为荆轲武断地选择秦舞阳，或者自己能再多信任荆轲一些，让荆轲等等他的那位神秘的朋友该有多好，这也便是他一生最大的遗憾了。

第三章　《史记》中的未央情

《史记》中，除了不怎么值得一提的爱情以外，还有君臣、父子、兄弟、朋友之情值得我们去深味。有的甘为对方去死，有的相互残杀，有的狼子野心，有的忠心为主，有的背信弃义，有的侠肝义胆……

　　这一章节的情感体现得最为复杂，也最为纯粹。

## ◆ 鱼肠剑

吴国自古乃蛮夷之国，"文身断发"是国民的传统。"文身"即纹身，就是在脸上和身体上涂画纹饰；"断发"即削发，中国的传统是不可断发的，《孝经》曰："身体发肤，受之父母，不敢毁伤，孝之始也。"

吴国始祖叫吴太伯，本是周太王古公之长子，因为他知道古公想传位给他的第三子季历，于是逃到了蛮夷之地，立国为"勾吴"。吴太伯死后，传位的第十九世名为寿梦，寿梦在位时国力开始强大，并自称吴王。

寿梦在位 25 年，有四子，依次为诸樊、于祭、于眛和季札。季札最贤能，于是寿梦决定传位给季札。季札不从，把王位推让给了长兄诸樊。

诸樊为避免动乱，穿着丧服登了位，除孝后，诸樊打算把王位让与季札，季札执意不从，决定去做农民了，诸樊这才作罢。诸樊当了十三年吴王，临死时他没有把王位传给自己的儿子公子光，而是选择传位于他的二弟于祭，他的意思是依次往下传，一直传到季札头上为止，借此来满足吴王寿梦的遗愿。

　　季札这么受他老子喜欢，这么让吴国国民爱戴，不是没有缘由的，曾有这么一件事情让他美名远扬。季札因为有贤名，故经常出使别国，有一次他出使鲁国，途经徐国，在拜访徐君的时候，徐君看到季札腰上悬挂的一把宝剑，非常喜欢，但又不好意思说出口。但季札看到徐君与他谈话的时候，眼睛老瞄着他的宝剑，就知道了徐君的意思。但季札并没有把宝剑送给徐君。等这次出使归来，季札又来拜见徐君，没想到看到徐国上下披麻戴孝——徐君已经死了！于是季札就来到了徐君的坟墓旁，解下了自己腰中的宝剑，把它挂在了坟墓的树上之后，离开了。季札身边的人很不理解，就问季札："徐君都已经死了，你还把宝剑给他干什么呢？"季札说："我必须给他，一开始我知道徐君很喜欢我的宝剑，但我要出使一些大国所以我还不能把宝剑送给他，但我在心中已经盘算着出使回来就把宝剑送给他。现在他虽然死了，但我在心里已经允诺了。君子重在一诺，我怎么能够违背我的心意呢？"

　　果然，吴王于祭十七年的时候，他也没有把王位传给自己的儿子，而是传给了自己的三弟于眜，吴王于眜在位时间很短，只有四年，临死的时候，他依照吴国现在不成文的规矩，打算把王位传给四弟季札了，结果季札这次又逃跑了，并且一时还找不着了。国不可一日无君，于是按照父死子继的传统，由吴王于眜的儿子公子僚继位。

　　吴王僚五年，伍子胥从楚国逃难到了吴国，因为他的父亲伍奢和兄长伍尚被楚王杀害，于是他求见吴王僚，极力陈述讨伐楚国的好处，亦求其为子胥报仇。吴王僚心动了，打算让公子光率军去攻打楚国，吴王僚是有想法的，他的目的就是削弱公子光的兵力，因为公子光是他的最大政敌。但公子光却否决了吴王僚的这一决定，他反驳说："伍子胥是为报私仇才要我们吴国去攻打楚国的，我认为他并没有经过深思熟虑，楚国是大国，轻易动兵结仇是不妥当的，对吴国绝对没有好处。"吴王僚这才作罢。

但伍子胥是个眼光极为锐利的人，他来到吴国后，早听说公子光在暗中培养势力意图有所行动，这次他从公子光的这番话中也听出了他有保存实力以便篡位的打算，于是他积极为公子光奔走，并因此受到了诸樊儿子公子光的礼遇。伍子胥四处搜寻勇士，找到了专诸，专诸后来因为刺杀吴王僚成了中国古代名传千古的刺客之一。

论理讲，公子光意图谋反是有理由的。按照中国传统父死子继的做法，当初寿梦应该传位于长子诸樊，然后，诸樊死后，王位就该属于诸樊的长子公子光。公子光对他四叔季札最后继承王位其实也没有意见，只不过这王位绝对轮不到于眛的儿子公子僚。

专诸是个侠义之人，他也认为从道理上来说确是如此。所以，专诸答应帮助公子光。作为一名刺客，很显然，是需要抱着必死的决心的，专诸做得到。

从此，公子光以上客身份招待专诸，伍子胥本人为避免他人怀疑，自己做了一段时间"不问世事"的农民，他们都在耐心等待时机成熟，他们等了整整七年，机会终于来了。吴王僚十二年冬，那个杀死了伍子胥父亲和兄长的楚平王死了。

一般来说，一个国家新亡了君主，在新君主未站稳脚跟之前，是很容易动乱的，通常这时候，其他的诸侯国就会联合起来攻打这个国家，借以谋取利益。

吴王僚没有放过这个机会（当然，不排除公子光从中唆使），在第二年春天，他派了自己的两个最信任的弟弟盖余和烛庸去攻打楚国，并且派了吴国最德高望重的季札出使晋国，目的自然是想联合晋国一起攻楚。但没等晋国发兵，吴王派出的盖于和烛庸的军队反被楚国军队包围住了。

公子光秘密召集专诸说："先生您怎么看现在这个局势？"

专诸反问道："那公子您怎么看呢？"

公子光说道："机不可失，时不再来，我认为是动手的时候了，凡事不去努力，哪来的收获呢？我才是真正的王位继承者，而不是公子僚！不要说现在季札叔叔不在吴国，即使在吴国，他也会同意我这么做的。"

专诸说："公子所言甚是，吴王僚可杀。吴王僚如今内无臂膀，外无救兵，只要我们一动手，吴国肯定是公子您的了。"

公子光说："现在就看先生您的了，您放心，咱们不分彼此，您的家人就是我的家人。"这句话的意思非常简单，就是说，专诸你放手去刺杀吴王僚吧，不用牵挂你的家人，我会替你照看的。

这一年的四月份，公子光在自己的家里的密室中埋伏好了武士，然后邀请吴王僚来家里吃饭。吴王僚对公子光很戒备，他在王宫通往公子光家的路上，一路安排士兵保卫，不光如此，还有一些士兵手里还拿着武器，强行进入公子光的家严行戒备。

在刀光剑影里，公子光和吴王僚都虚情假意地喝酒，嘴巴里都说着些口是心非的话语。

公子光请美女们狠命地给吴王僚敬酒，等到差不多了，他装成脚部受伤了，借口回避一下，然后秘密地进了自己的密室。

这时，专诸化装成仆人，端着早已准备好了的一盘鱼，镇定地穿过两排手执兵器的吴王僚的亲信士兵，来到吴王僚的桌前，专诸从鱼肚子里突然掏出一把寒光闪闪的匕首，奋力地向喝得醉醺醺的吴王僚刺去。吴王僚即时毙命。

自然，在刺死了吴王僚之后，专诸随即被吴王僚带来的士兵乱刀砍死。然而，吴王僚死后，这些人随即乱成一团。公子光此时打开密室，密室里早已蓄势待发的武士们一拥而上，杀光了吴王僚的这些士兵。

公子光自立为王，他就是历史上赫赫有名的吴王阖闾。

## ◆ 无知杀诸儿

齐釐公生了好多儿子，他自己没什么名气，但是他的儿子很有些名气，比如公子纠和公子小白，其中公子小白就是后来名震天下的春秋霸主齐桓公。

但公子纠和公子小白都不是齐釐公的太子，他的太子叫诸儿。齐釐公死后，诸儿继位，是为齐襄公。

齐襄公是个荒淫无度的君王。举个例子，他当年做太子的时候和自己的妹妹私通，后来这个妹妹出嫁给了鲁国的鲁桓公，成了鲁桓公的夫人。当鲁桓公来齐国的时候，还携带夫人一起，结果齐襄公又和她私通起来。世界上没有不透风的墙，这件事很快让鲁桓公知道了，他很生气，但结果是鲁桓公夫人把鲁桓公生气的事情告诉齐襄公后，齐襄公指使大力士彭生活活折腾死了鲁桓公，扭断了鲁桓公的腰。

齐襄公淫夫人、欺大臣，做了许多坏事，公子纠和公子小白害怕马上就有灾难来临，于是各自出奔他国。事实上，灾难果然很快就降临了。

齐釐公有个同母生的胞弟，名叫夷仲年，他很早就死了，所以齐釐公很怜爱夷仲年的儿子公孙无知，把他视同己出，太子的待遇是什么样子的，公孙无知的待遇也是什么样子的。但这样一来，作为太子的诸儿自然就不高兴了，于是常常与公孙无知闹矛盾，有几次还打了起来。

等到齐釐公死了，太子诸儿一继位，第一个要办的就是公孙无知。他除掉了当年他老子赐予公孙无知的一切优厚待遇，这样一来，公孙无知对诸儿有了强烈的不满，开始有了造反的念头，但他还需要联络一些武将，事情方可成功。当然，武将太好找了，因为齐襄公做了许多糊涂事情，许多武将对他早已开始不满起来，其中为首的就是连称和管至父。

当初，齐襄公派遣连称和管至父两个人防守葵丘这个地方，说好了指派他们去一年。去的时候是树结瓜果的时候，等第二年树儿再次结瓜果了，齐襄公就会派遣别人去替换他们二人防守葵丘。但真到了第二年，齐襄公像忘了这码事情一样。当这两个人托别人询问齐襄公的时候，齐襄公出尔反尔，愣是不答应用别人替换他俩。两人气而生恨，便和公孙无知勾结起来。公孙无知有了武力支持，下一步就是等待时机了。

齐襄公十二年的时候，他去沛丘打猎，路上遇到一头猪挡在马车前面，硬是不离开。齐襄公问是怎么回事。随从说，那头猪就是彭生。八年前，彭生扭断鲁桓公的腰之后，鲁国质问齐国，齐襄公杀死了彭生来向鲁国谢罪，彭生完全当了一只替罪羊。这在当时是一件大事，所以八年后，大家仍没忘记这件事，这次齐襄公的随从就说这是彭生来向齐襄公喊冤索命来了。

齐襄公大怒，他拉开自己的猎弓，搭上箭用力向那头猪射去。那头猪也很奇特，他居然就像人一样站了起来，一边叫一边走向齐襄公。齐襄公战战兢兢，吓得从车上掉了下来，摔坏了脚，鞋子在匆忙之中丢了。

回宫之后，齐襄公仍然惊魂未定，但他不是喝猪脚汤，而是迁怒于宫里的掌管鞋子的人（古代的官僚机构也够臃肿的，国君穿鞋戴帽都有专门负责的人）。负责管理齐襄公鞋子的人叫茀，齐襄公狠狠地鞭打了茀三百下。

茀从宫里出来后，发现外面居然已经是刀枪林立，原来公孙无知、连称和管至父他们听说齐襄公受伤了，带领着人马正准备闯入宫里有所行动。茀说："大家暂且先不要动手，如果现在惊动了宫里面，引起了宫里的戒备，要进去的话反而不方便了。"

公孙无知怒道："滚开，这里轮不到你说话，别拖延我们的时间！"

茀道："小人不敢。您请看我身上的伤。"说完，把自己的衣服解开露给公孙无知他们看，三百下鞭伤，茀早已被打得血肉模糊。

茀接着说："你们可以信任我，这个暴虐的君王，我老早希望他下台了。我一定会支持您的。现在我去看看宫里面的情况，然后我马上出来向您报告。"

公孙无知答应了。

茀进入宫里后，令人难以置信的是，面对宫外敌方军队的重重包围，他并没有做叛徒！他选择了赶紧向齐襄公报告外面有叛兵。齐襄公吓坏了，于是镇定的茀帮助齐襄公藏了起来。

然后，茀没有闲着，他把宫廷内部的一些卫兵纠集起来，甚至宦官都全部加入了这场保卫宫廷的斗争。他们在宫廷内部严阵以待。

公孙无知在外面等了半天，仍未等到茀向他报告宫廷内部的情况，于是公孙无知有些害怕了。他和连称、管至父商量后，决定强行入宫。

进入宫廷后，公孙无知他们发现，宫廷内部的兵力实在是不堪一击，而茀正率领着一帮弱不禁风、手无缚鸡之力的宦官在做无谓的抵抗。公孙无知他们很快解决了这些平日里养尊处优的人，当然，茀也在这场战争中死去。

占据朝廷之后，公孙无知开始寻找失踪的齐襄公。齐襄公既然没有抓着，他也不会逃出天罗地网，那么必然还躲在这宫里面的某个地方。在地毯式的搜索后，公孙无知终于找到了藏起来的齐襄公，都怪齐襄公自己吓得瑟瑟发抖，结果自己的脚暴露出来了都不知道。

毋庸置疑，公孙无知当场就杀死了这个混蛋齐襄公，然后自立为齐国国君。但公孙无知并没有做多长时间国君，他在第二年春天去雍林游玩，这个糊涂蛋自己曾经得罪过雍林人还忘掉了，所以在这次游玩的时候，也被雍林人袭击杀死了。

接下来，就是逃亡在外的公子纠和公子小白在听说齐国没有国君之后，各自马不停蹄地赶回齐国。后来公子小白先到一步，受群臣拥立为王，他就是齐桓公。

◆ 季友诛兄弟

熟悉孔子的人都清楚，孔子的老家在鲁国，在孔子生活的那个年代，鲁国最有权势的是季氏集团。孔子35岁的时候，曾去过齐国，打算任职于齐景公，齐景公对孔子说的一句话是："我对你的待遇级别，不能比对待季氏还要高。"鲁国朝政旁落季氏的事众人皆知。这则故事讲述的就是季氏集团独揽大权的缘由。

鲁庄公（其父亲就是鲁桓公，其母亲就是和齐襄公通奸的那位）

在党氏这个地方修筑了一座高台，有一次他登上高台游玩的时候，发现了台下有一位漂亮姑娘，很快鲁庄公就撕心裂肺地爱上了这位姑娘，并割臂发誓说："我一定娶你做夫人！"这位姑娘叫孟女，做了鲁庄公夫人以后，生了一个男孩叫公子斑。

鲁庄公的正妻是齐国人，叫哀姜，他还一并娶了哀姜的妹妹叔姜。哀姜没有生出儿子；叔姜生了一个儿子，名叫开。鲁庄公生了重病后，他想立自己的继承人，既然自己的正妻没有生儿子，他就想，我又那么喜欢孟女，那就立她的儿子公子斑为太子吧。

鲁庄公知道自己死后，左右鲁国政权的人肯定是自己的三个弟弟，他三个弟弟依次为庆父、叔牙、季友，鲁庄公担心的问题其实还不是他死了以后是公子斑继位还是公子开继位，他担心的是政权会落入他的大弟庆父的手中，估计此时鲁庄公已经知道了自己的正妻哀姜和庆父私通的事情。

于是，鲁庄公把二弟叫了过来，在病床上试探叔牙的口风，叔牙说："你就不用担心继承人的问题了，父死子继，兄死弟及，这都是咱们鲁国的一贯传统，你还担心自己没有嫡长子就没有继承人了吗？庆父不就可以作为继承人吗？"

完了，叔牙原来和庆父是站在一起的，只有再问问三弟季友了。

鲁庄公把季友找来，问季友道："季友，之前叔牙说我死后会支持庆父作为国君，我该怎么办呢？"

季友说："那你的意思是要让谁继承呢？"

鲁庄公说："我很想让公子斑继承我的国君位置，但我害怕不成。"

季友说："你放心，我一定竭尽全力，支持公子斑继位！"

鲁庄公终于放心了，他对这个三弟尤其放心。当年鲁桓公要生季友的时候，曾让人算过一卦，那算命人说："国君要生的是个男孩，他的名字会是'友'字，以后他会成为公室的辅政大臣。季友如果死掉的话，鲁国将不会昌盛。"等到季友真生了出来，不仅是个男孩子，而且更为奇特的是他的手掌里的掌纹显出的是一个"友"字。这一系列的蹊跷之事加上当年那位占卜人的预言，让此时的鲁庄公深深地信任起了季友。

季友得到了鲁庄公的支持后，趁着鲁庄公还没死，他打算要给庆父一伙人一个下马威。

有一天，季友矫鲁庄公之命让次兄叔牙去鍼巫氏的家里，然后命令鍼巫氏强逼叔牙饮下毒酒。叔牙欲待不喝，鍼巫氏就对他说："我这也是奉命而为，我上头的人说了，你喝下去这杯酒，那么你死后还有后人给你祭祀；假若你不喝，那么不仅你仍旧会死，而且你的后代也会全部被杀。"于是，被逼无奈的叔牙喝下了这杯毒酒。

鲁庄公三十二年八月，鲁庄公死了。季友果然辅佐公子斑成了国君，因为一方面要给父亲守丧，另一方面还没有正式举行登基典礼，于是公子斑就在他母亲的家乡党氏住下了。没想到，这一住下，自己的这条小命就没了。

当年孟女在党氏生下了公子斑，公子斑也在党氏这个地方长大。进入青春期后，公子斑喜欢上了一位姓梁的姑娘。有一天，他去梁家看望梁姑娘，没想到他看到梁姑娘正和墙外的一个小伙子正眉开眼笑地聊天呢。公子斑自然十分生气，于是就狠狠地鞭打了那个人一番。那个人的身份卑贱，是个马夫，名叫荦，他哪敢反抗，当时默默地受了鞭打，含恨而去。

鲁庄公死后，庆父和哀姜两人私通得更为放肆，并且密谋杀死公子斑，立哀姜妹妹叔姜的儿子公子开为君。他们找到了当年那个被公子斑鞭打的马夫荦，马夫荦还没有忘记当年的仇恨和公子斑给自己的羞辱，庆父又给了他许多好处，于是马夫荦就在党氏刺杀了公子斑。

这一下，庆父又占据了上风，并且把季友逼到了别的国家去了。然后，庆父立叔姜的儿子公子开为君，他就是鲁湣公。

鲁湣公继位的第二年，庆父就忍不住自己想做国君了，于是派人把鲁湣公杀死了。季友在国外听说了这个消息，就携带了鲁湣公的小弟公子申来到鲁国，请国人接纳他们。鲁国人本来就对庆父很不满，这一次打算用举国力量杀掉庆父了，庆父听说季友来了，就逃跑到别的国家了。季友立了公子申为鲁国国君，他就是鲁釐公。当然，季友不会纵虎归山的，他使用政治力量迫使庆父回到了鲁国，最终逼迫庆父自杀。

鲁釐公元年，季友做了相国。从此季氏的权力开始膨胀。

## ◆ 兄弟争死

卫宣公本来很难当上卫国的国王，他原本只是卫桓公众多弟弟中的一位。

卫桓公最有名的弟弟叫州吁，其母亲受宠，所以州吁从小娇生惯养，他很不满自己的哥哥继承了王位，屡屡挑战哥哥的权威，卫桓公身为一国之主，自然也不满意弟弟这样骄横，于是赶走了州吁。州吁在外面流浪了十五年，终于集结一支部队，偷袭了卫桓公，杀了哥哥以后，州吁自立为卫国国王。他不光自己篡位，还想派兵帮助郑国的共叔段篡位，共叔段的处境和他自己一模一样，也是想推翻哥哥的政权。

　　本来州吁当国君就名不正言不顺，加上他还要穷兵黩武，他就失去了卫国百姓的民心了，卫国的大夫石碏利用时机杀死了州吁，这才找来卫宣公继位。

　　卫宣公的夫人叫夷姜，极受卫宣公宠爱，夷姜生了长子伋，很快就被立为太子。后来，太子到了娶妻子的年龄，他的老师为他在齐国订了亲。卫宣公听说这个齐国女子很漂亮，半路上就抢了过来，自己娶了，并且还和这位齐女生了两个儿子，长子叫寿，次子叫朔。

　　父亲娶儿媳妇的经典案例除了卫宣公以外，后来还有楚国的楚平王，唐朝的唐明皇。而且这几个人因为做了这件事情，国家都因此而发生了重大变故。楚平王死后，楚国被吴国攻破国都，楚平王被伍子胥从坟里挖出来鞭尸。唐明皇因为宠爱杨贵妃，唐朝爆发"安史之乱"，差一点就成了亡国之君，而他自己，也因为无法尽到皇帝职责，被迫当了太上皇。

　　因为这个缘故，所以卫宣公很不喜欢太子伋，实际上也无法面对太子伋，后来打算干脆杀掉太子伋。这时候恰好太子伋的母亲夷姜死了，而齐女和她的次子朔又在自己面前大肆宣扬太子伋的坏话，他并不打算证实齐女的话是真是假，刚好就利用这个借口要杀死太子伋。

　　卫宣公暗中派一名杀手埋伏在边境上，告诉杀手说："你见到手里拿着白旗子的人打这里经过，就杀无赦。"然后他让太子伋作为使者拿着一面白色的旗子出使齐国。这件事本就是齐女参与谋划的，所以这个消息也让齐女的长子寿知道了，寿与他的弟弟朔品性完全不同，他并不认同他父亲卫宣公的做法，而是对太子伋充满了同情，于是寿就偷偷把这个消息告诉了太子伋。结果太子伋很淡然地对寿说："谢谢你告诉我这个消息，但如果是违背父亲的意愿来求生，这不可以。"他明知道父亲要杀死自己，仍然坚持要出使齐国。

寿一看，劝不住了，他也没有坚持再劝，而是自己抢先一步，手里拿着一面白色的旗子出发了——他要冒充太子伋，替他去死。寿意图通过自己的死，既保全太子伋的性命，同时又可唤醒自己父亲的良知——本就做了错事，焉能一错再错。

那个杀手早就等在边境上了。一见到这个手里拿着白色旗子的人，就把寿给杀死了。这名杀手完成任务后正打算回去交差，没想到又看到一个手里拿着白旗子的人来了，当然，这才是杀手要杀的太子伋。杀手错愕了，不明白发生了什么事，还是太子伋解释给他听，他告诉杀手说："你杀错人了，我才是你要杀的人。"

太子伋本可以借机逃亡他国，在春秋时代，公子流亡是常有的事，本身并没有任何耻辱可言，而且这本就是他的弟弟寿给他谋划好了的一条路，但他仍然没有去走。寿固然有情有义，但毕竟有违孝道，太子伋并不想让寿单独背下这个骂名，而自己苟且偷生，所以选择了告诉杀手实情。

杀手并没有放过太子伋的性命，而是将他一并杀了，回去向卫宣公交差。并不知道是冥冥中自有天意，还是确实卫宣公活到了天寿，他在这件事后的第二年就一命呜呼，他的王位由齐女的次子朔来继承。而卫宣公杀死了太子伋，并未堵住天下悠悠之口，他不光自己背上了历史的骂名，此后几十年，卫国围绕王位之争也乱成一团。


### ◆ 楚成王与其子商臣

东周初年，楚国还是个小国，还没有得到周王室所颁发的"营

业许可证"。但楚国的野心极大，它开始攻打一些已被周王室承认
的诸侯国，借此来达到正名的目的。

楚武王三十五年，楚国攻打随国。随侯说："我又没侵犯你，
我自己也没什么过错，你为什么攻打我？"楚王派使者直接告诉他
说："我是蛮夷之国，现在的诸侯国流行相互攻伐，我也有一些士
兵，也想加入这个行列。你要怕被我攻打，你替我向周王申请一下，
让他给我楚王封号。"结果，随侯虽然申报了，但周王室愣是不批。
楚武王怒了，就自封为楚武王。

这件事情证明了楚国天生的一种自卑心理。楚武王死后，他的
儿子楚文王即位，楚文王的时候，正是齐桓公称霸的时候。随着一
个又一个诸侯王的称霸，周王室尊严的光辉正日渐消褪。

楚成王还是个很有魄力的君王。到了楚成王的时候，楚国终于
得到了周王室的正式承认，而此时，楚国借着偏南一隅的地理优势，
也成了当时的超级大国。

周王室的诏书上这么写道："镇尔南方夷越之乱，无侵中国。"
意思是准许楚国反恐。楚国本就有侵伐扩张的欲望，这次得到了最
高领导人的亲自指示，就肆无忌惮地进行扩张行动，对邻边小国开
始鲸吞蚕食。

"春秋五霸"有一种说法其中有一霸是宋襄公（颜师古注《汉
书》时的看法），楚成王二十九年，齐桓公去世，宋襄公意图接替
齐桓公称霸，四年后，召集诸侯在盂地会盟，在派使者通知楚国
后，楚成王大怒道："我都没打算称霸，这小小宋国居然敢称霸
了，且看我去了之后如何羞辱他。"果然，楚成王到了盂地，不管
三七二十一，就把宋襄公给抓了起来。逼宋国求楚国，楚成王才释
放了宋襄公。第二年，欲霸心切的宋襄公攻打郑国意图起到震慑他

国的效果,结果郑国求楚国救援,楚成王更是在这场战争中大显神威,不仅打败了宋国,而且射伤了亲自督战的宋襄公,宋襄公半年后因为箭疾而亡。

楚成王还是个很有远见的君王。楚成王三十五年,晋国公子重耳逃难路过楚国,许多小国都鄙视重耳,都不接待重耳,而楚成王却以诸侯之礼隆重地接待了重耳,隆重到重耳都不敢接受。然后,两人展开了一段对话。

楚成王问道:"公子回到晋国之后,要怎样报答我呢?"

重耳答道:"各种珍奇异宝,您都应有尽有,我真不知道还有什么您需要的?"

楚成王道:"你勉强说说。"

重耳不得已,说道:"日后晋国万一和楚国交战,晋国的军队会退避三舍。"

楚将子玉听了很生气,对楚成王说:"我王如此隆重地接待重耳,然而重耳如今出言不逊,请杀死重耳。"

楚成王说道:"重耳贤能,身边跟随的人都是辅国之才,老天所厚重的人,我怎能杀呢?并且重耳的话也说得很好啊,晋国怎么可能不会和楚国发生战争呢?"

后来,果然两国爆发了战争,这场战争就是历史上有名的城濮之战,晋国的军队在这场战争中果然实践了退避三舍的诺言,不过战争的结果以晋国取胜而告终。楚将子玉也因为执意要打这场战争被楚成王处死。

楚成王是这样一位有魅力的人,但是却在子嗣继承问题上犯了过错,最终沦为后人的笑柄。

楚成王在早年时,打算立公子商臣作为楚国的太子,他和令尹子上商量。子上说道："您还没到立太子的时候呢，况且您的内宠又多，如果您立了太子，日后您又喜欢上了另一位妃子，并且她也生了一位公子，您想立那位公子为太子怎么办？随意罢黜太子国家是容易产生变乱的啊。再说商臣此人蜂目而豺声，不是个好的太子人选啊。"

"蜂目而豺声"是古代相面术语，秦始皇据说也是"蜂目而豺声"，越王勾践据说也是"蜂目而豺声"，古人认为，凡是这类人都是极端残忍之人，可共患难而不可共享福。

不过，据历史记载，似乎"蜂目而豺声"的人都特有才华，于是楚成王没有听子上的话，仍固执己见，立了商臣作太子。

令尹子上的话是对的，楚成王后来果然想换太子，他意图立宠子职为太子，替换掉太子商臣。

太子商臣听说了一些风言风语，但并不确信，于是他去问太傅（太子的老师）潘崇道："我听到了一些不利于我的消息，说我的父亲要用别人替换我的太子位置，但我还是不大相信，我怎样能够证实这个消息呢？"

潘崇说："嗯，凡事都须早做准备为好。老夫有个主意，你去给你父亲的宠姬江芈送东西吃，但要故意失礼，激怒她。江芈得到你父亲的宠爱，她肯定知道内情，她生你气的时候，说不定遏制不住，在骂你的时候会说出内情的。"

商臣听从了他老师的话，果然，江芈大怒，对商臣破口大骂道："你牛什么牛，你以为你还真的是太子啊，还敢对我不礼貌，怪不得你父亲要杀掉你然后让公子职做太子呢，你活该！"

商臣神态黯然地回到太子东宫，对老师潘崇说道："这下我相信了。"

潘崇说："事情既然已经这样了，那我们要赶紧做准备啊。"

商臣说："老师你看我该怎么办呢？"

潘崇说："你能够继续安然无恙地待在太子东宫吗？"

商臣说："不能。"

潘崇说："那你能悄悄逃跑避祸吗？"

商臣说："不能。"

潘崇说："那你能行大事吗？"

"行大事"这个短语在《史记》里出现的频率很高，意思就是弑君为王。商臣说："这我能。"

楚成王四十六年冬十月，商臣发动政变，他动用宫中的侍卫包围了楚成王。楚成王知道完了，请求吃完熊掌再死，企图拖延时间等待救兵，商臣不许，说熊掌难熟！最后，逼迫楚成王在宫殿里挂了一条白绫，上吊自杀了。

商臣即位，他就是楚穆王。楚国在楚穆王的领导下，进一步向四周扩张领土范围，楚穆王十二年去世，他的儿子楚庄王继位，楚穆王为他的儿子楚庄王最后成为"春秋五霸"之一奠定了坚实的基础。

### ◆ 赵武灵王饮恨沙丘

进入战国时代后，各个国家君主开始纷纷称王。在此以前，很少有诸侯敢叫王，春秋时候就称呼自己是王的也就楚国、吴国、越国。他们在古代一般被称呼为东越、南蛮，是没有开化的国家，无知者无畏啊，所以他们才这么大胆。称王，也就是要和周天子平起平坐的意思了。到了赵武灵王这里，他就坚决不肯称王。他说："王不就是个称号吗？称王后和以前做公做侯的时候有什么区别吗？"

然后让老百姓称呼自己为"君"。

他后来被称为赵武灵王，乃是他儿子赵惠文王继位后给追封的了。三国时候的曹操就颇有点效仿赵武灵王的意思，当他权倾天下的时候，多位大臣力劝曹操登基称帝，曹操就坚决不肯，他执意要学习周文王的做法。姬昌自己不肯背叛商朝，是他的儿子周武王推翻了商朝，进而追封姬昌为周文王的。

周文王、赵武灵王、魏武帝三人有个共同点，就是他们都不在意名声，但极为重视积攒实力，为下一代称王称帝奠定下坚实的基础。相对于周文王和魏武帝的成功注重招揽人才和培养人才，赵武灵王的成功靠的是一项重大变革，那就是历史上鼎鼎有名的"胡服骑射"。

唐代的文学家韩愈在《送董邵南游河北序》中开篇写道："燕赵古称多慷慨悲歌之士。"燕赵之地之所以有此民风，离不开两大原因：一是源于赵武灵王的胡服骑射，二是源于燕昭王修筑黄金台广招天下英雄。

司马迁极其重视赵武灵王的这次变革，他花了浓墨重彩来写赵武灵王如何逐个去说服大家一起来推行这次变革，浓墨重彩到了怎样的地步呢——超越了司马迁记载的商鞅变法。按照《史记》的记载，商鞅变法是在让秦国自强，而赵武灵王的变革是在自救。赵武灵王曾感慨道："今中山在我腹心，北有燕，东有胡，西有林胡、楼烦、秦、韩之边，而无强兵之救，是亡社稷，奈何？"在这样的情况下，他决定因地制宜，抛开文明与野蛮的偏见，推行"胡服骑射"。

胡服的具体形式史书没有明确记载，大概就是紧身衣的意思。匈奴人穿着紧身衣，行动十分利索便捷，与中原的传统的儒服宽袍大袖的式样大相径庭。穿着宽袍大袖，很不利于骑马打仗。所以赵武灵王想改革，但传统的阻力相当之大。不过赵武灵王最后仍然力排众议，终于使得"胡服骑射"得以实施。

"胡服骑射"极大增强了赵国的实力，使赵国成了战国时代的军事强国。《货殖列传》这么评价道："自全晋之时固已患其（赵）彪悍，而武灵王益厉之。"当时的纵横家苏秦也评价道："山东建国，莫如赵强。"

赵武灵王此后数次对中山国用兵，先后吞并了其大量土地，中山国摇摇欲坠，但赵武灵王并不想在自己的手里灭掉中山国——他要让他的继任者来灭掉中山国。然后，赵武灵王做了一个重大决定，他将自己的国君位置让给了约十岁左右的小儿子公子何，公子何就是赵惠文王，而赵武灵王做了太上王，他自号为主父。在整个封建王朝，一个国君甘愿让位于其子，除了赵武灵王和乾隆皇帝，还真的很难找出其他人来。

赵武灵王辞了赵国国君后，并不是不问世事，而是亲自西去秦国考察地形，大有要与秦国一争天下的雄心壮志。他就是这么特别的一个人，但同时他又是一个普通人，他做的这些所有的事最大的目的是帮助小儿子公子何挣得足够筹码，让他得以稳固王位，因为公子何是他非常宠爱的女人孟姚的儿子，他甚至为了这个女人，将原来的长子公子章的世子地位废了。

赵惠文王三年，他灭掉了中山国，然后封自己的哥哥公子章去了代地当安阳君，主父让田不礼去辅佐公子章。这引起了一些大臣的猜忌，因为赵惠文王如此年幼；公子章却年富力强，身份特殊，加上田不礼为人骄傲残忍，他们是极有可能一起犯上作乱的。

大臣李兑多次去求见赵武灵王的叔叔公子成，让他提前戒备，凭借着长者的身份，到时可以主持大局。

赵惠文王四年，赵王朝见大臣，安阳君公子章也在列。主父看到公子章模样非凡，很有英雄气概，本来应是赵王才对，此时却只能向十几岁的小弟弟俯首称臣，心里很不忍，心里盘算将赵国一分为二，让公子章升级为代王。这层心思也让朝廷内很多大臣揣摩到了，有些人站在了公子章这边。公子章和田不礼也认为叛乱的机会成熟了。

他们趁着主父和赵惠文王去沙丘（即后来秦始皇死的地方）游玩的时候，占领王宫造反，诛杀了赵国丞相肥义等人。公子成和李兑闻讯，起用了预防叛乱的军队，平定了动乱。公子章知道父亲怜悯自己，失败后就去投奔他，主父果然打开别宫大门接纳了公子章。然后公子成的军队重重围住了主父的别宫，但不敢进去抓人，只是要求杀死公子章。

主父没有办法，只好杀死了公子章，好让军队撤围。此时公子成和李兑商量，如果撤围，主父一定不会放过他们两人，于是下定决心把别宫围到底。为了争取民心，他们还下令让别宫里除了主父的其他人赶快出来，后出来的人夷灭三族，就这样，别宫里只剩下了孤零零的主父。三个月后，主父活活被饿死在沙丘别宫。

赵武灵王下场悲惨，当年胡服骑射的决定实施得那样果断，到老了，却在儿女私情上犹疑不决，终于品尝到了苦果。赵武灵王因为不能处理好父子关系而成为天下人的笑柄，他废掉太子公子章立公子何为太子，辅佐公子何成王后又很可怜公子章，公子章叛乱后他又很同情公子章，最后打算保护失败的公子章却被自己的叔叔公子成害死，成为历史上少有的饿死的帝王之一。

但他确实留给了赵惠文王一个大好河山。在赵惠文王任上，赵国国力达到了巅峰，赵奢、廉颇、蔺相如，都是一个个声名显赫天下的将相。战国末期的最惨烈的著名战役长平之战中，秦将白起坑杀了赵国军队 40 余万人，一场战争能聚拢 40 余万的兵力，证明了赵国经过了赵武灵王的变革，赵国发生了多大的变化。

但这一切，赵武灵王都看不到了。

### ◆ 淮南王刘安谋反

淮南王刘安是老淮南王刘长的儿子。刘长是汉高祖刘邦的儿子，刘长命苦也命好，命苦是说他刚出生时母亲就自杀了；命好是说他母亲死后，刘邦就让吕雉来抚养他长大，所以后来吕雉毒害刘氏子弟的时候就没有涉及刘长。刘长也因此而变得娇贵，此后由于策动谋反被汉文帝所诛。刘长死的时候，刘安不过五六岁大。

刘长在淮南王任上，应该不至于像《史记》记载得那么糟糕，他应该是颇得民心的，司马迁在记述他谋反的细节方面语焉不详，所以汉文帝在削制淮南王刘长的时候应该有别的不为人知的阴谋。司马迁没有完全被汉朝政府左右，他在《史记》中又记载了这么一首民谣："一尺布，尚可缝；一斗粟，尚可春。兄弟二人不能相容。"这首民谣中讲的"兄弟二人"，一个是汉文帝，另一个就是淮南王刘长。从这首民谣来看，老百姓对淮南王的评价不至于太差或者说不满，而更多的是在淮南王死后对他表示同情怜悯。

汉文帝也因为民意所迫，将刘长的四个儿子都从侯升了一级，封了王。刘安就在此时，他父亲死了 10 年之后，成了新的淮南王，这时候他大概十五六岁。

刘安对自己父亲的死很有怨言，对汉朝政府也怀有很深的敌意。

汉景帝三年，爆发了"七国之乱"，吴王刘濞当时意图拉拢淮南王刘安一起谋反，刘安确实也打算起兵。但后来刘安被自己的相国所牵制，兵权被相国夺取，自己被软禁起来，才没有谋反成功。但也正因为自己的相国这一举动，淮南王才捡回一条命。不然，随着刘濞一死，刘安也难逃一死。

刘安和他父亲不一样，他的父亲刘长力能扛鼎，而他是个文人，他饱读诗书，是个文学家，有名的《淮南子》就是他搜罗并组织一些门客创作的，然而，《淮南子》只是一个幌子，并不是他搜罗这些门客真正的本意，他背地里的打算是为日后的叛乱做好充分的人才储备。

刘安还做了其他的准备，就是积极收买皇帝身边的大臣，比如武安侯田蚡。有一次刘安入朝，私底下与时任太尉的田蚡见了面，田蚡就对他说："如今汉景帝没有太子，而大王您是高皇帝的嫡亲孙子，遍行仁义，哪一天汉景帝驾崩，谁不推举您做继承人呢？"这一席话说得刘安心里直痒痒，与田蚡关系更亲密。此后过了几年，天上突见彗星飞过，淮南王觉得天下将有异事发生。这时，旁边的一些阴阳家就对刘安说了："当年吴王叛乱时，彗星出现，有数尺长，兵变后流血千里。如今彗星如此之长，只怕天下不久就会大乱。"淮南王刘安认为这种说法有道理，一旦汉景帝驾崩，没有太子，天下诸侯纷争皇位，那就得靠实力说话了，于是自己更加积极准备谋反的器具了。

刘安只生了２个儿子，大儿子叫刘不害，因为是庶出，所以并不受宠，刘安自然没有立刘不害为太子，他的太子叫刘迁，由刘安的王后荼所生，母子都十分受宠。刘不害在刘家很没有地位，淮南王刘安、太子刘迁、王后荼都不把刘不害看作是太子的哥哥，而当时诸侯的儿子都能封侯，却唯独刘不害不能封侯，刘不害本人比较平庸，所以也不以为耻，然而刘不害的儿子刘建却看不过去，他决定要为自己的父亲讨回公道。所以刘建一直在找机会扳倒太子刘迁，继而以其父取而代之。而太子刘迁也知道刘建的想法，所以也是想方设法地置刘不害父子于死地而后快。

过了几年，太子刘迁学习剑法，自认为天下无人能敌，四处搜罗剑客与自己比剑。他听说郎中雷被这个人是个剑术高手，于是坚持要和雷被比剑，雷被不想比剑，但刘迁的坚持让他没有办法。雷被在比剑的过程中一再避让，意思是想让太子知难而退，适可而止，但刘迁却根本没有意识到雷被是在让他。后来雷被没有办法，击中了太子。刘迁大怒。

雷被知道太子刘迁心胸狭窄，害怕继续待在淮南是死路一条，这时听说朝廷正在全国募集军人打仗，雷被自告奋勇去参军打匈奴。但太子刘迁不许可他走，雷被没有办法，只好逮着机会，偷偷跑到了长安，向汉武帝上书，告知自己参军受到了淮南王太子的阻挠。按照汉朝律例，违反皇帝意思，叫"废格明诏"，是弃市罪。这一次，汉武帝号召天下人参军抗击匈奴，淮南王太子却在雷被的参军问题上从中作梗，这是死罪。

汉武帝下诏审问此事。河南郡要抓捕淮南太子，逮捕令已经传达给了寿春丞，但被寿春丞扣下了。淮南相很生气，淮南相不像寿春丞，他是站在朝廷一边的，他的职责就是监督淮南王。淮南相把寿春丞一并加以弹劾。淮南王请求淮南相息事宁人，淮南相坚决不许。淮南王不想遣送太子，打算就此反叛，但他毕竟是个文人，所以事到临头，开始犹豫不决，拖拉了十多天还没决定下来。直到汉武帝又下令就地审问太子，不必逮捕至异地。

　　太子刘迁给犹豫不决的父亲出主意："您提前安排人手拿着武器守在身边，如果朝廷派的人对我们不利，您就就地杀掉他；我同时会派人刺杀主管军事的淮南中尉，然后我们正式起兵，也不晚。"刘安没什么主意，也只好这么办了。

　　汉武帝派中尉殷宏到了淮南，见到了淮南王刘安，证实了刘安父子阻挠雷被参军一事。刘安看到殷宏面色缓和，知道事情可以压下来，所以就没有动手。殷宏也捡回一条命，回到朝廷汇报。群臣都建议处死淮南王，汉武帝不许可；又建议废掉刘安的王位，汉武帝仍不许可，最后大家建议削减淮南王的封地，汉武帝这才批准。汉武帝处事的确老到，这一手既达到了他削藩的目的，又显示了自己博大的胸襟。汉武帝这些做法对刘安这种文人来说简直就受用极了。

　　汉武帝继续委派殷宏到淮南公布他的处分。刘安从朝中的眼线那里得知大臣们建议处死自己，所以一开始他以为殷宏这次来是要处死他，于是他又故伎重演以备不时之需。殷宏来了之后，脸色比上次还好，并且嘴巴里说的是"恭贺大王"，刘安一看自己不用死了，只是削减了2个县的封地，这次又隐忍了。

　　隐忍之后，刘安一方面觉得侥幸，另一方面又觉得窝火，觉得自己怀着"仁义之心"不反叛，却遭到削地的处罚，谋反之心又开始愈演愈烈了。甚至谋反的冲动让他变得神经质起来，他派到朝廷的使者，只要使者回来报告说汉武帝统治混乱，自己就高兴；使者说汉武帝统治开明，自己就生气、不相信。应该说，这时候的刘安已近陷入癫狂，失去了自己绝不应该丧失的判断力了。

　　淮南王刘安召集伍被帮助自己策划。伍被是个聪明人，头脑也很清醒，所以他并不赞同刘安此时进行谋反，他说："皇上刚刚宽赦大王，您怎么还要说这些谋反的话呢？我听说当年伍子胥给吴王夫差提建议不被采纳，伍子胥感慨道'我现在已经看见麋鹿们在姑苏台上随意游走了'。如今我也看到了我们的王宫里遍生荆棘、露水沾衣！"

淮南王看到伍被不肯出谋划策，就囚禁了伍被的父母三个月。然后再召来伍被说："你现在总该答允我了吧！"伍被说："没有，我并不赞同您的想法，我这次来只是给您陈述一下我的建议。"

伍被给淮南王分析了谋反一成一败两个案例。成功的案例就是汉高祖刘邦取秦而代之，伍被说："秦始皇焚书坑儒、政令混乱，百姓难以安生，加上其北修长城、南攻百越、东海求长生，百姓想作乱的人十家就有七家。所以高皇帝才可以一呼而百应。"失败的案例是不久前的七国之乱。伍被说："吴王地方千里，铸铜为钱，煮海为盐，国富民强，在朝廷里面遍施贿赂，计划完毕，举兵而起。但很快兵败身死，徒为天下人所笑。是吴王做得不够完备吗？不是，而是时机不对，当时天下安宁，不再是秦朝暴政之时，逆天而行怎么能成功呢？"

接着伍被引用了《孟子》里的一句话"纣贵为天子，死曾不若匹夫"来接着劝导淮南王："商纣王被周武王打败，并不是他死的那一天他的天下才失去，而是在他不用比干等良臣、施用暴政的时候就失去了呀！如今我担心的是大王您放着千乘之君不做，也落得像之前的吴王一样的下场啊。"

这一席话，伍被说得十分中肯，但这仍没有打消淮南王叛乱的念头，只是让他更加犹豫不决。这时，突发的一起事件让他加速了决策的过程，这一事件就是刘安的孙子刘建给汉武帝上了一道书，意图告发淮南太子刘迁暗中加害刘不害父子一事。

其实，刘建只是想扳倒刘迁而已，他并不想告发自己的爷爷在阴谋造反，他只是想让自己的父亲取代刘迁的太子地位罢了。但是，正是这一道上书，却引发了刘建始料未及的严重后果。

这与汉武帝的丞相公孙弘有关，正是公孙弘接手这件案子。司马迁对公孙弘此人有一句这样的评价："诸尝与弘有隙者，虽佯与善，阴报其祸。"这句话的意思是公孙弘虽是个老者，但并不是个长者，他睚眦必报。公孙弘和辟阳侯审食其的孙子审卿交情极好，而审卿与刘安之父刘长有杀祖父深仇，所以这次抓住这一机会，拼命搜集淮南王的叛乱证据递交给公孙弘处理。

审卿和淮南王的梁子是这么结起来的。话题还要牵扯到刘长的身世上面，刘长的母亲是赵王张敖的妃子，当年刘邦平定韩王信（非淮阴侯韩信）之乱的时候，途经赵王张敖的封地，并住下，张敖挑选了这名妃子献给刘邦。这一夜，这名妃子就怀上了。之后张敖不敢再把她留在宫中，专门在宫外给她盖了一间房子。后来张敖手下人谋反事发，刘邦大怒，逮捕了张敖一家人，其中包括那名妃子。那名妃子的弟弟知道审食其（审卿的爷爷）是吕太后的情人，就把妃子怀了刘邦孩子的情况汇报给了审食其，希望审食其能在吕太后面前美言几句。但没想到，吕太后是个醋坛子，她最讨厌的就是那些刘邦喜欢的女子，更别说还怀了刘邦孩子的女人了，所以吕太后坚决不肯把这一情况告诉刘邦，审食其也没有在意。后来这名妃子生下刘长之后，又羞又怒，就自杀了。刘邦知道事情的原委后，就很后悔，并将刘长的抚养权交给了吕太后。

后来，等刘长长大以后，吕太后也早死掉了，辟阳侯审食其没有了靠山，有一天，刘长就在袖子里藏着一柄铁锥，赶到审食其家里杀了他。之后，刘长本人去汉文帝那里肉袒请罪，并且数落了审食其三大罪状，最终得到了汉文帝的赦免。而从此，审家人就恨起了淮南王。

话说回来。公孙弘往死里挖淮南王刘安谋反之事，刘安心里很不安，于是又打算就此起兵了。他又把伍被找过来，问了他两个问题，第一个问题是汉朝治理得怎么样，第二个问题是汉朝大将军卫青带兵打仗怎么样。这两个问题确实是核心，前一个问题涉及民心所向，后一个问题涉及攻城略地。但在谋反之时，如果仍不停纠缠这两个问题，那就足以说明刘安实在是心里没有把握，他其实知道答案：汉朝治理得不错，卫青带兵也是顶呱呱。他这时候问伍被，实在只是寻求心理安慰而已。

但伍被不是个阿谀奉承之人，他不会说谎话，所以得到了伍被确切的回答之后，刘安既不高兴又无可奈何。于是刘安又追着问了一句："那我们有没有侥幸的机会呢？"

"如今诸侯没有叛乱之心，百姓也没有怨声载道，确实很难做，但我们可以想方设法地让诸侯和百姓不满起来。"

武被的建议就是充分利用汉武帝要成立朔方郡这一点。朔方郡地处北方，是汉朝与匈奴的交界处，汉武帝打算通过建立并发展朔方郡，达到给予抗击匈奴的军队后勤补给的作用，同时也可以在朔方郡长期驻守军队，达到震慑匈奴、不至于让匈奴长期骚扰汉朝边境的目的。但由于朔方郡刚刚建立，需要大批的百姓迁徙到那里，其中需要投资人，也需要劳工，但很少有人愿意迁移到那里，所以这时候往往需要依靠行政力量逼迫他们迁移。

武被建议淮南王刘安伪造丞相御史的上书，迁移地方上的大批的豪绅和百姓去朔方郡，并要求他们在短时期内就必须到达目的地。然后武被还建议刘安伪造诏令，逮捕诸侯、诸侯太子以及他们亲近之人。这样一来，把一潭清水搅浑，然后刘安便可以浑水摸鱼，这时再派遣大批说客四处游说诸侯造反。

刘安对武被的建议很满意，然而武被的总结之语却很不让人放心，他说："如此一来，大概有十分之一的概率可以成功吧！"

刘安派人潜入朝廷，查找皇帝以及官员所常用的印章资料，并加以仿制，开始大批制作虚假诏令文书。刘安另外派人潜入大将军卫青和丞相公孙弘的身边任职，打算一旦起兵，就让间谍即刻刺死卫青，然后劝说公孙弘归顺自己。刘安的后路就是一旦失败，退守长江天险，以期达到与汉朝分庭抗礼的目的。

这时，汉武帝已知道淮南王太子刘迁残害刘不害父子的事，所以就派遣廷尉至淮南担任淮南中尉，逮捕太子刘迁。淮南王刘安决定杀掉淮南国相、淮南内史和淮南中尉后夺取兵权就此起兵，于是他召集三人说有要事相商，但只有淮南国相来参加，其他两人并没有来。刘安杀一个人没用，只好放掉淮南国相，这样一来，夺取兵权的机会丧失，起兵的时机又没有了。

太子刘迁把参与这次密谋的人全部杀死，然后对刘安说："我们身边可用的人之前都被朝廷替换过了，现在起兵时机恐怕不好。参与密谋的人我全都杀死了，皇帝要抓的人是我，他要查的也只是我残害刘不害父子的小事，我去投案，应该不会有什么问题。"淮南王心里很明白大势已去，就答应了刘迁的请求。刘迁假装自刎，但割得不深，当然没死成。

但淮南王父子的这些做法都没用了，因为参与谋划的武被没有被刘迁清理，他去朝廷告发了淮南王父子意图叛乱的阴谋。汉朝很快派遣官吏包围淮南王宫，逮捕太子以及王后。一番清查之后，这起谋反案牵扯到了参与其中的列侯、二千石、豪强多达几千人。造反的工具、武器装备也全都搜查清楚。证据确凿，汉武帝让大臣商议如何处理，最终自然是淮南王必须"谋反伏诛"。

汉武帝随后派遣宗正赶赴淮南处理淮南王，还没到达，刘安已经自杀。其王后、太子以及一干谋反人等都被灭族。汉武帝打算放过武被，因为武被在劝说刘安的时候说了很多赞美汉朝的话，而酷吏张汤说道："武被是淮南王谋反的策划者，其罪不可赦免。"于是武被也被杀了。

刘安的谋反策划了很长的一段时间，前后卷入其中的大官、豪绅达到几千人足以证明了这一点，但刘安实在缺乏吴王刘濞的魄力，他总是下不了决心起兵，他总是畏首畏尾，到最后关头，他居然还不明白形势的发展到了怎样的地步，还以为自己可以逃过这一劫，这实在是一个文学家的幻想。也许，刘安做一名文学家就够了，他真的不该做政治，他太不适合。

## ◆ 赵氏孤儿

赵氏孤儿的故事曾经被伏尔泰翻译介绍到法国去了，所以这个故事的国际知名度很高，我想伏尔泰之所以要翻译介绍赵氏孤儿的故事，在于这则故事非常感人。然而这则故事的感人之处不在于这个孤儿本身，而在于为这名孤儿甘愿赔付性命的两个人。

故事里的赵氏孤儿名叫赵武，赵家身世显赫。赵武的父亲叫赵朔，赵朔的爷爷叫赵衰，是当年跟随重耳流亡的五人之一，后来重耳做了晋国国君，赵氏也成了晋国的大族。赵衰死后，其子赵盾继承了他的爵位，逐渐掌握了朝政，赵氏家族此时的势力达到巅峰，晋国国君的废立兴替多由赵盾把持。

赵氏家族如此受宠，自然会遭到别人的嫉妒和晋国王室的不满。赵盾权力太大，所以无人能够撼动赵氏的地位，但赵盾死后，赵盾生前的所作所为给后来赵氏家族获罪埋下了隐患。

作为一名大臣，做的最出格的事情无过于"弑君"了，而赵盾恰恰做了此事。事情是这样的，当时晋国国君晋襄公死得比较早，太子夷皋还很小，在经历了一番权衡后，赵盾决定辅佐太子夷皋继位。太子夷皋就是晋灵公。

晋灵公却不是一个有作为的君王，晋灵公成年以后，他不仅无所作为，反而贪图享乐、荒淫无道。还发明了一个新游戏，就是让活人当靶子，他来拿着弹弓发射弹丸，借活靶子腾跃挪移地躲闪或者射中后龇牙咧嘴哀声满地来取乐。他还经常凭着一己之好恶来奖赏或处罚人，有一次王宫的厨师在制作熊掌时，没有弄熟，晋灵公一气之下就杀死了这名倒霉的厨师。

赵盾屡次进谏但没有任何效果，反而晋灵公觉得有赵盾在朝中管辖碍手碍脚，就决定杀掉赵盾。

于是，晋灵公找了名刺客打算暗杀赵盾，这名刺客叫鉏麑。凌晨时分是人们防范意识最薄弱的时候，所以鉏麑凌晨时分潜入赵盾家决定实行刺杀，但他看到赵盾并没有睡觉，而是大开卧室的门，表示并无私密，而其本人也已经穿戴齐整，预备早朝了。人贵慎独，意思是一个人在独处的时候容易把自己的毛病都显露出来，而一个人最可贵的地方也恰恰在于他无论人前人后的表现都能保持一致。赵盾身为一名权臣居然也能做到慎独，鉏麑被感动了，他并没有上前刺杀赵盾，而是选择了离开。他感慨道："如果我杀了赵盾，那就是杀了忠臣；如果我不杀赵盾，那就是违抗君命。"在这种两难的抉择下，鉏麑撞死在树下。

刺杀不成，晋灵公又想了一招，请赵盾吃饭，然后埋伏好武士，打算等灌醉了赵盾后在饭局上杀掉他。这一次晋灵公差一点就成功了，但冥冥中自有天意，在这次饭局上出现了一个人破坏了这次阴谋。

这个人是晋灵公的宫廷厨师，他叫示眯明，原来穷困潦倒，差一点饿死在一棵桑树底下。当时刚好赵盾从旁经过，于是就施舍了饭菜与他。示眯明吃了一半后，就不再吃了。赵盾觉得奇怪，就问原因。示眯明就讲："我在外面游荡三年没有回家，混到快饿死的地步，不知道我家里的老母亲现在是否还健在，是否也和我这样挨饿，我这一半的饭菜要留给我母亲吃。"赵盾觉得示眯明很有孝心，于是给了示眯明更多的饭菜。

这次饭局的阴谋，示眯明心知肚明，所以在晋灵公屡屡举杯邀酒的情况下，他担心赵盾一醉不起，于是就给晋灵公进言道："国君赐大臣喝酒，喝完三杯酒可以了。"接着就使眼色让赵盾离开。

赵盾不是个糊涂人，于是起身告辞。此时晋灵公的武士还没完全准备好袭击，于是匆忙之间，晋灵公就放出凶猛的狗来打算咬死赵盾，示眯明帮助赵盾杀死了狗。赵盾愤怒地责骂晋灵公道："不会用人只会用狗，狗再凶猛又能怎么样呢？"

赵盾逃走后，晋灵公命令武士们追杀，示眯明又帮助赵盾抵挡住了这一波攻击。终于，他们逃离了王宫，赵盾问示眯明为什么要救他，示眯明说："我就是那个桑树底下快饿死的人。"而示眯明始终不肯告诉赵盾他的真实姓名。然后，两人逃亡了。

赵盾打算逃离晋国，但他还没等出境，他的弟弟赵穿就杀死了晋灵公。虽然赵盾不是直接凶手，但当时的太史公董狐却在史书上这么写："赵盾弑其君。"赵盾辩解的时候，董狐就说了："你是朝中第一重臣，你逃亡没有出境，你在境内时国君被杀，你回到朝廷却不诛杀凶手，你在袒护凶手，你怎么敢说你不是凶手？"赵盾不说话了，这件事传到了孔子的耳朵里，孔子一方面很支持董狐的意见，另一方面很痛惜赵盾这么一个好官却被扣上了"弑君"的罪名。

为抬升自己家族的声望，稳固赵家的地位，赵盾还为自己的儿子娶了晋成公的姐姐。

赵盾此时权倾朝野，所以没出现什么问题，但他此举得罪了昔日被晋灵公宠爱的一些大臣，其中的代表人物叫屠岸贾。晋成公做了七年的国君就去世了，其子晋景公继位。

晋景公时，屠岸贾当上了司寇，决定要诛杀赵家为晋灵公报仇，于是他开始煽动一些昔日晋灵公宠爱的将军，说："虽然刺杀晋灵公的事情赵盾本人不知道，但事情还要归咎到赵盾身上。他作为一名臣子，胆敢做出弑君这样大逆不道的事情，本身就是死罪。赵盾现在死了，但他的子孙还在朝廷里面当官，所谓父债子还，请让我们一起动手诛杀赵家乱党吧。"

其中一位叫韩厥的将军有不同意见，说："当年确实不关赵盾的事，先君晋成公也认为赵盾无罪，所以不予追究。而如今我们要动手诛杀赵家，这就违背了先君的意思，违背了国君的意思就是叛乱啊，另外，我们要诛杀赵家怎么能不和晋公商量呢？如果不商量那不就是眼中无君了吗？"

屠岸贾不肯听韩厥的话，韩厥就匆匆赶往赵家让赵朔赶快逃亡。赵朔不是个很理智的人，他不大相信韩厥的话，反而说："我死了就死了，我死了你一定不会让我赵家断子绝孙，以后扶持赵家后代的事情就靠你了。"

赵朔最终没有逃亡，而屠岸贾在没有告知晋景公的前提下，带着军队把赵家灭了族。赵朔认为自己是晋成公的姐夫、晋景公的姑父，可以在任何动乱中明哲保身（实际上，与王族联姻也正是赵盾的意思），没想到屠岸贾居然这等嚣张。

但也正是这层联姻关系，赵家终于没能绝后。赵朔的妻子挺着大肚子在赵朔的一位好友、一位门客的保护下，逃进了王宫里藏了起来。这两人一个叫程婴，一个叫公孙杵臼，他们都期盼赵朔的遗腹子是个男孩。

躲好后，公孙杵臼问道："程婴，你怎么不随着赵朔去死呢？"

程婴答道："我之所以不死，是因为赵家还有遗腹子，如果这个没出生的孩子幸运的是男孩子，那么我要将他抚养长大；如果不幸是个女孩子，那么我再自杀。"

过了不久，遗腹子出生了，真的是个男孩。公孙杵臼和程婴都很高兴，因为赵家终于没有绝后。但这个消息也让屠岸贾听到了，于是这个把持朝政、不将晋景公放在眼里的家伙率领一帮人赶到王宫里去搜寻这个男孩。

孩子藏在哪里呢？赵朔的夫人在这样一个紧要关头做出了一个惊险的举动——她把孩子藏在了自己的裙子里面！她祈祷道："如果老天一定要赵氏灭族，那么孩子啊，你就哭吧；如果老天不让赵氏灭族，那么孩子啊，你就别哭！"

这次搜索时间持续很长，但这个孩子居然一声未吭！孩子就这样得以保全下来。屠岸贾恨恨地离开后，程婴和公孙杵臼知道屠岸贾这一次虽然没有搜到孩子，不久必然回来继续搜寻，于是两人商量如何将这个可怜的孩子藏起来并将之抚养长大，以报答赵朔知遇之恩。

公孙杵臼问程婴道："你说，是抚养孩子长大成人难，还是死难？"

程婴道："自然是死容易，抚养孩子长大成人难。"

公孙杵臼说："赵朔公生前对你很好，抚养孩子的重担就拜托你了！你就让我偷个懒吧！"

商量妥当后，两个人找到一个和赵武一样大的婴儿，一起躲到了一座山中。

藏好以后，程婴就从山里走出来，找到屠岸贾的人说："我就是赵朔的好友程婴，我把赵朔的儿子藏起来了，但我知道你们早晚会找到我们。与其到时候惨死，不如我就早点出来投降。谁能给我千两黄金，我就告诉他赵朔的儿子藏在哪里。"

屠岸贾的人答应了程婴，程婴就带着他们进了山，到了公孙杵臼藏身的地方，抓出了公孙杵臼和赵朔的儿子。

公孙杵臼大怒，大骂程婴："你这个小人，当年主公死的时候你又不死，说要和我一起抚养孩子，你现在又出卖我，你怎么忍心呢？"

然后抱着小孩子哀求屠岸贾的人说："小孩子有什么罪呢，你们放过他吧，要杀就杀我好了。"

这群人哪里还理会公孙杵臼，他们早已得到屠岸贾找到人后立即诛杀的命令，就把公孙杵臼和小孩子一起都杀掉了。

彻底灭了赵家一族后，屠岸贾心中的一块大石头终于落了地。程婴也拿到了屠岸贾赏赐的千两黄金，他拿着这笔钱秘密抚养赵氏孤儿赵武。

十几年后，晋景公生了一场大病，卜卦的人告诉他是因为功臣之后有冤情的缘故。晋景公一寻思，这指的不就是赵朔的后人吗？难道赵氏还没有亡族？于是就问身边的人。

将军韩厥知道内情，就把真实情况告诉给了晋景公。然后两个人安排好鸿门宴，请各位当年参与诛杀赵氏一家的将领们赴宴。在宴会之上，韩厥令自己的人把他们全部扣留。之后胁迫这些将领们杀死掌权的屠岸贾，给赵氏平反。

首凶屠岸贾随之被灭族，赵武也长大成人。等赵武 20 岁，到了弱冠之年，程婴就向赵武告别，说："我本来早就该死，但因为要把你抚养大，所以忍辱偷生。现在你能独当一面，我的心愿已了，我也要去黄泉陪你的父亲和公孙杵臼了。"程婴随后自杀。

赵武的后代最后和韩厥、魏献子的后代一起瓜分了晋国，这就是"三家分晋"了。

## ◆ 贯高报主

刘邦与项羽打得难解难分，为安定北方局势，分封功臣张耳为赵王，并且把自己的长女鲁元公主嫁给了张耳的儿子张敖。打败项羽后，恰逢张耳故去，张敖就继承了赵王一职。

两年后，一次刘邦途经赵国，张敖作为赵王和驸马的双重身份，非常客气、礼貌地接待了他的老丈人，亲自端茶送水，服侍刘邦。然而刘邦对张敖并不君臣相敬，还是当皇帝之前泗水亭长那一副派头，坐姿不雅，对张敖说话不时带着脏字。

其实，这也难怪刘邦，不光是他，几乎所有和他一起打仗起来的人都不明白朝廷礼仪，打了天下以后，刘邦的朝廷还和菜市场一样乱糟糟，不成体统，直到叔孙通定下礼仪规矩后，刘邦才感叹自己终于明白了皇帝身份的尊贵。

张敖很生气，但大概也从自己父亲那里知道刘邦是个什么人，所以忍了。然而张敖的相国贯高和赵午等其他人大多都是张耳的旧臣，都是战场上死人堆里爬出来的人，可忍不了这口气，于是一起来劝张敖道："虽然汉朝已立，但天下是有能者居之，赵王您谦卑地侍奉刘邦，而他却并不对您以礼相待，我们不如就此起义，请让我们替您杀掉他！"

张敖气得把手指咬出了血，但还是忍着："你们千万不要这么做，我们家的一点一滴都拜他所赐，类似这样的话你们也都不要说了。"

这帮老臣的怒气暂时被赵王张敖压制下来，但是他们并没有就此罢休，他们私下里开会商量，合谋道："我们赵王不愿意背叛刘邦，是他仁义，但刘邦侮辱我们赵王，我们义不受辱，一定要杀死他。事情成功，天下由赵王来坐；一旦失败，是我们咎由自取，与赵王无关。"

第二年，刘邦又一次途经赵国，打算在柏人县停驾住宿。贯高等人提前知道了刘邦的行动路线，就在刘邦要住的地方预先埋伏了杀手。也是天佑刘邦，就在他要住下的时候他问了下人这个县的名字。手下人道："柏人。"刘邦道："柏人就是迫人。"认为此地不祥，于是起驾离开，逃过此劫。

但也是这一次，张敖也许做了足够日后挽救他性命的一件事，就是他从自己的美人里挑了一位，让她去陪侍刘邦，这次陪侍，让这位美人有了身孕，张敖知道后，不敢再把美人留在宫内，特地在宫外为她修了一座房子供其居住。

一年后，贯高的仇家将这件谋反大罪上告刘邦，刘邦大怒，命人将张敖押送长安受审。赵午等人自杀，其他人还打算一起死，意欲效法田横五百死士集体自杀，以彰显赵王张敖的贤能。贯高大骂道："谁让你们自杀的呢？我们大王本来就没有参与我们的密谋，你们要是都死了，谁来替我们大王伸冤？"

张敖被押送的路上，有许多人一起跟随，打算一起到长安替张敖辩白。刘邦更怒了，于是颁布一道命令："如果有宾客敢跟随张敖一起来的，就诛他三族！"即便这样，仍有十多个人愿意追随着张敖的囚车一起走。当然，张敖的一家老小包括那位陪侍过刘邦的美人都被押往长安。

因为贯高是首谋，于是到了长安以后，被严刑拷打，浑身血肉模糊，没有一块好肉，但无论如何，就是不承认张敖参与谋反，给他施刑罚的人都不知道该怎么办了。

刘邦震怒之下，也只有吕后敢来替张敖说情，吕后道："张敖娶了我们的女儿，贵为驸马，如何肯谋反呢？"刘邦反驳道："张敖要是真成了天子，你的女儿算什么？"

此时，张敖的那位陪侍刘邦的美人生下了一个男孩，刘邦此时正是怒火中烧，并不理会此事，而这位美人也仍是戴罪之身，她想到自己都为刘邦生了孩子，自己还在坐大牢，羞愧中自杀了。这件事让刘邦很内疚很后悔，也给张敖脱罪增加了一块筹码。

同时，贯高如此顽强，让主审官都感动了，把这个情况汇报给刘邦，刘邦本来情绪就在软化中，这时也容易产生感动，他对自己认为张敖参与谋反的判定产生了怀疑，不再那样坚定了。同时，又怕真把贯高打死了，那样就死无对证了。

最后，刘邦派了贯高的同乡泄公去探望贯高，一问之下，贯高说："我不说谋反难道是盼望汉王饶恕我们和我们的家人吗？我们全都已被灭了三族了，如果我说张敖真有叛乱，顶多就是再多死我和张敖两个人。可确实是张敖没有参与谋反，所以我没办法承认啊。"刘邦被贯高征服了，于是赦免了贯高和张敖。

贯高听了泄公告诉他说张敖免罪的消息后，非常高兴。泄公又告诉贯高刘邦很赞赏他，也赦免了他的死罪。贯高道："我本早该自杀的，只是为了要为赵王辩白，我才活到现在。"又道："虽然皇上赦免了我的死罪，但背着谋反罪名，我心里满怀愧疚，哪里还有脸面去活着呢？"

于是，贯高自杀。刘邦同时赦免了那十来个跟随着张敖一起来的人，他们最后都担任了二千石的大官。张敖因为此事废为宣平侯。当时，张敖、贯高及那十来个人均名闻天下。

只是，汉朝初年的叛乱并未停止，刘邦对开国元勋的猜忌也没有停止，虽然贵为皇帝，但是他直到晚年基本上仍是在四处灭火的生活中度过。

◆ 刺客豫让

豫让是春秋战国交替时期晋国的一名杀手，谈他得从智伯瑶和赵襄子的恩怨谈起。

春秋末年，晋国的大权渐渐落入范、中行、智、赵、韩、魏六卿手中。之后，范、中行被灭，智、赵、韩、魏四家打算一起瓜分两家土地。当时的晋国国君晋出公很生气，即便两家被灭，土地也应该归晋国才对，焉能不经过自己同意，由自己的属下瓜分？于是他打算邀请齐国和鲁国帮自己讨伐这胡作非为的四家，然而晋出公还没等帮手过来，四家先下手为强，把晋出公杀死在逃亡齐国的路上。

然后，智伯瑶辅佐晋哀公继位，自己则包揽了范、中行两家土地，成了晋国最强大有权势的一家。智伯瑶为了削弱赵、韩、魏三家势力，打算采用蚕食的方法，于是专擅晋国国政的智伯瑶恃强向韩康子、魏桓子索要土地，两家不得不给。然后智伯瑶又向赵襄子索要土地，却遭到了赵襄子的拒绝。

原来，智伯瑶和赵襄子两人关系很僵。当年赵襄子还只是赵国太子的时候，曾被父亲赵简子委派跟随智伯瑶去攻打郑国。一次智伯瑶喝醉了酒，用酒杯摔向赵襄子，还骂赵襄子长得又丑胆子又小。赵襄子手下的人都请求与智伯瑶拼命，赵襄子虽然也很生气，但按捺住了大家的怒火，说："我之所以能被立为太子，就是因为我能忍辱负重。"赵襄子此话不假，他母亲是少数民族人，且身份只是一个婢女，他愣是通过自己一步步努力，获得了赵简子的信任，成了太子。

智伯瑶胁迫韩、魏两家出兵共同攻打赵氏。赵襄子退居晋阳固守。智伯军围困晋阳两年而不能下，引晋水淹灌晋阳城。晋阳城内饿殍满地，易子而食，旦夕且下，危急中，赵襄子派张孟同说服韩、魏两家临阵倒戈，放水倒灌智伯军营，大破智伯军，擒杀智伯瑶。赵、韩、魏三家反而尽灭智氏宗族，瓜分其地。

赵襄子最恨智伯瑶，割下他的头，将其头颅油漆了作为自己饮酒之用，以报当年被智伯瑶摔酒杯之仇。而智伯瑶被灭以后，其手下的人才或死或散或投靠赵、韩、魏三家，只有豫让不那么做，他决心要杀死赵襄子为智伯瑶报仇，他说："嗟乎！士为知己者死，女为悦己者容。今智伯知我，我必为报仇而死，以报智伯，则吾魂魄不愧矣。"意思是说自己备受智伯瑶的赏识，自己的一条命早已卖与了智伯。

其实豫让最早并非智伯瑶的门客，他最早投靠的是范氏和中行氏，但是二人只是当豫让为一个普通门客，并没有对豫让另眼相待。
而范氏和中行氏被灭后，树倒猢狲散，豫让也转而投靠了智伯瑶。
智伯瑶对豫让另眼相待，与范氏和中行氏大不相同。

一个士人长期潦倒后，骤然遇到一个如此赏识自己的人，自然
会生发出如此强烈的报恩之情，而豫让有什么？有命而已。所以即
便是智伯瑶已经死了，即便自己为智伯瑶报仇九死一生，豫让仍要
坚定完成自己的使命。杀死赵襄子最难的地方是如何去接近他，而
豫让最令人感动的地方也在于此，他为了达到目的，付出了巨大牺牲，
这种牺牲到后来看远远超过了一条生命的价值。

豫让认为赵襄子并不认识自己，于是他变化姓名，又故意犯罪，
成了赵襄子的囚犯后，找机会混入了赵襄子家粉刷厕所，贴身藏了
兵刃，准备等到赵襄子如厕的时候行刺。后来，赵襄子上厕所时觉
得有异常，问粉刷厕所的人是谁，一调查，发现是以前智伯瑶的门
客豫让，且发现了他身上带了兵刃。审问后，豫让并不避讳自己的
目的，他很干脆地承认了自己的罪行："我想杀死你为智伯瑶报仇！"
赵襄子的手下打算杀死豫让，被赵襄子阻止了，赵襄子面对智伯瑶
展现了自己忍辱负重的一面后，又展现了自己宽宏大量的一面，他说：
"豫让是个贤士，智伯瑶没有后人，他的门客能替他报仇，有情有义。
放了他吧，以后我小心点躲着他就是了。"

这次刺杀失败，豫让暴露了自己的相貌、身份和想法。豫让往
身上涂满漆，让自己全身溃烂长疮，并且吞吃了一些木炭让自己嗓
音变得喑哑。他自认无人再能认出他来，还不放心，又去集市上去
乞讨，连他的妻子都辨认不出他来。然后，他去找他的朋友。他知
道不管第二次刺杀成功与否，自己都是死路一条，纵然赵襄子再次
放过他，他也绝不能苟活。他要把遗言告诉他的朋友，也好让天下

人知道他豫让为复仇做出的种种努力。

他的朋友认出他来了，看着豫让如今的模样，他泪流满面道："以你的才干，你去投靠赵襄子，赵襄子必定重用你、亲近你，然后你抓住机会，刺死赵襄子不就好了吗？何必要通过自残毁形这一条路来报仇呢？"豫让的朋友最了解豫让，他不劝阻豫让停止复仇，也不劝豫让投靠赵襄子后从此享受荣华富贵的生活，而是告诉他报仇可以走捷径。

但豫让并不走他的朋友给他指出来的路，并非豫让没有想到这条路，而是他根本就不想走，豫让道："我如果投靠了赵襄子，我一定会对他忠心耿耿，怎么还能杀死他呢？我只懂得对主人一心一意，不懂得对主人三心二意。我做了这些事，就是为了让天下那些不忠诚的人从此有愧于心。"

不久，豫让掌握了赵襄子的一次行踪，他躲在赵襄子出行时必经的一座桥下。结果造化弄人，赵襄子的马经过那里烦躁不安。赵襄子于是派人一搜索，把一个满身烂疮的人抓住了。仔细一辨认，果然像赵襄子预料的那样，就是豫让。赵襄子责备他道："你说你忠心不二，你最早不是范氏、中行氏的门客吗？他们被智伯瑶杀死，为什么当时你不为他们报仇，反而投靠智伯瑶？而智伯瑶死了，你却要这么坚决地找我报仇？"豫让坦然答道："范氏、中行氏像对待普通人一样待我，我自然也像普通人一样对待他们。但智伯瑶不同，他以国士标准待我，我自然以国士的规格去为他尽心卖命。"

赵襄子很感慨，也对豫让充满了敬佩之情："哎呀，您为智伯瑶也确尽心尽力了，您也会名满天下。但我饶恕您一次，不能饶您两次，您还有何心愿未了，请您尽管讲，我一定替您完成。"

豫让道："您放过我一马，我也不能不知好歹，我做下这些事，确也死有余辜。但我不能报仇，我死了没脸见智伯。请求您脱下外衣，让我刺上几剑，以表报仇之意。我知道这个要求很过分，但这正是我的真实想法。您满足了我这一愿望，我死而无憾！"

赵襄子为豫让而感动，便脱下衣服交给了豫让。豫让拔出长剑，将赵襄子的衣服刺出了三个剑洞，然后大喊道："我可以在九泉之下回报智伯恩情了！"随之挥剑自刎。当时在场的人无不为之感动。

不知此事过后，赵襄子还有没有继续用智伯瑶的头颅作酒器饮酒，但他必然会珍藏着那一件被豫让刺了三个剑洞的外套。智伯瑶未必是个很好的君主，赵襄子事实上也是一个胸怀坦荡的英雄，但对于一名刺客而言，这些都不在考虑范围之内。豫让固然可敬，但如果不是赵襄子让豫让有第二次行刺机会，不让他死得其所，豫让绝不会有义士的名声。

## ◆ 田横得士

项羽夺得天下后，分封诸侯，因为不均，以故齐国大乱。田荣打败项羽分封的齐王田都，打算扶持之前的齐王田市继续当齐王，田市不敢，被田荣杀死，之后自立为齐王。在项羽的攻打之下，田荣兵败被杀，项羽在齐国烧杀劫掠，尽失民心。此时恰好刘邦作乱，项羽不得不退兵对付刘邦，而田荣的弟弟田横趁机收集齐国散兵，辅佐田荣的儿子田广为齐王，自己做了齐国的丞相。

三年后，刘邦与项羽争夺天下，韩信先后攻下了赵国、燕国，下一步就是攻打齐国了。此时刘邦又派了郦生去劝说齐国投降给刘邦，毕竟齐国与项羽确有血海深仇。郦生口才又好，去了齐国后，齐王田广和丞相田横就下定决心投降刘邦了，为了表示诚意，把在历下驻防的守军都给撤了。结果韩信怕功劳被郦生给夺走，边境上又没有了守军，韩信不费吹灰之力，居然一路打到了齐国首都临淄。

田广与田横大怒，他们不怪罪韩信，却认为这都是刘邦耍的计谋，一方面用郦生来迷惑住自己，结果另一方面使用武力来攻打自己。于是，田广与田横一怒之下，将郦生活活煮了。之后田广与田横分头逃跑，田横投靠了彭越。项羽派了将军龙且来救齐国，然而被韩信打败，韩信占有齐国，向刘邦派出使者，讨封假齐王来当。刘邦大怒，但为了安抚韩信，暂时封了韩信为齐王。

此后在韩信、彭越等人的帮助下，刘邦打败了项羽。彭越被封为梁王，田横因为活煮过郦生，此时在彭越那里很不安心，害怕被刘邦或彭越杀死，于是带了他手下五百余人逃亡海岛之上。刘邦认为田荣与田横兄弟在齐国很得人心，田横逃到海外荒岛，如果不收服，恐怕会酿成祸事。刘邦本就是一个疑心很重的人，立国以后，各大功臣基本上都没有什么好下场，尤其是彭越，居然后来被刘邦剁成了肉酱，还分发给各个诸侯王看看，实在是残酷至极。

刘邦派了使者去了田横那里，承诺赦免田横，但不准留在海外，得回朝为官。田横对使者说："我活煮了陛下的使者郦生，而他的弟弟郦商在朝廷担任将军，军功无数。我去朝廷不好面对他，请让我做一名平头百姓，在荒岛上守此一生吧。"

使者回报刘邦后，刘邦找来郦商道："我要召回田横，谁敢伤害他诛他九族！"然后刘邦再次派遣使者去田横处，告诉了这一事情，并强调道："只要田横你回到朝廷，可以封王，至少也可封侯。一旦不回来，就会派兵围剿。"于是，田横被迫带了两名门客随着使者去洛阳赴命。

刘邦对田横许诺的这句话太假了，如果他早有主意，要么是封
侯，要么是封王，哪有说至少也可封侯的说法？所以刘邦对田横并
非真心，田横对这一点又岂有不知？田横知道的是刘邦的前一句话
是假话，而后一句话才是真话，自己不随使者而去，只能坐看自己
的五百余名勇士徒然被杀，这是不行的。田横此时想的是以一己之
命换取五百余人的性命。

就这样，田横和使者到了距离洛阳三十里处，田横对使者说道：
"人臣觐见天子应当梳洗干净。"在旅店借机洗沐的时候，田横和
自己的门客说道："秦末群雄争夺天下，我和刘邦平起平坐，都是
一国诸侯，如今他身为天子，我成了俘虏，要向他俯首称臣，这份
耻辱我是无法忍受的。何况我活煮了郦商的哥哥，现在要和他一起
同朝共事，纵使他真的不敢杀我，我又怎么面对他呢？刘邦之所以
想见我，只不过是不放心我在外面，想看看我的模样罢了。此地距
离洛阳只有三十里，斩下我的头后，骑上快马赶到洛阳，我的模样
不会有什么变化。"说完就自刎而死。

田横的门客斩下田横的人头，跟着使者去洛阳面见刘邦。刘邦
据说被田横此举感动落泪，然后派出二千士卒，以诸侯王的葬礼礼
节埋葬了田横。田横的两名门客被刘邦封为都尉，一起参加葬礼。
下葬的时候，两名门客一起自杀，为田横陪葬。消息传到刘邦那里，
刘邦大吃一惊，觉得田横的部下都不是一般人，就派出使者，再次
去往海岛，要把那剩余的五百人一起召回洛阳。使者把田横自杀的
消息告诉那五百人后,他们居然一起自杀！此事大大震撼了司马迁，
既佩服田横，又佩服那毅然自杀的五百人。他评论道："田横之高节，
宾客慕义而从横死，岂非至贤！"

话说回来，刘邦既然并非真心对田横，他又岂能真心对待那

五百勇士！五百人要真的乌泱泱一片来到洛阳，试问刘邦要往哪里搁？五百人心里自然清楚得很，这是刘邦逼死田横后，接着再逼死他们而已。而这一次刘邦派出的使者绝非几人，可能就是埋下了田横的那二千名士卒。五百人集体为田横自杀，这一历史美名，也许只是刘邦的一次政治阴谋罢了。

## ◆ 李陵事件

司马迁遭受宫刑，其原因即李陵事件。

谈到李陵，不能不谈到李广。李陵是李广的孙子。

李家世代擅射，因为这一门绝学，李家世代为将，李广更因为这一本事，成了抵御匈奴的一把好手，成为了匈奴人人敬畏的"飞将军"。

关于李广射箭的故事，我们看看《史记·李将军列传》的记载："（李广）专以射为戏，竟死。"李广的娱乐活动除了射箭就是射箭，能射不好么？至于李广打猎射箭"中石没镞"的故事早已家喻户晓。

李广治军有特点。《史记·李将军列传》记载，李广和程不识两个人都曾经屯兵戍边，两人皆为边陲名将。但两人治军方法有别，李广简易而程不识烦扰，"士卒亦多乐从李广而苦程不识"。李广十分体恤士卒，"得赏赐辄分其麾下，饮食与士共之。……家无余财"。后来李广自杀后，"广军士大夫一军皆哭。百姓闻之，知与不知，无老壮，皆为垂涕。"

李广喜欢冒险。《史记·李将军列传》记载："其射，见敌急，非在数十步之内，度不中不发，发即应弦而倒。用此，其将兵数困辱，其射猛兽亦为所伤云。"类似于"空城计"的行为做法，李广屡屡采用。

啰嗦这么多谈起李广，实在是因为，这祖孙两个无论是行为还是性格，都实在是太相似了。司马迁饱含感情地书写李广的事迹，自然也有一定的理由——他是想表达，李陵与李广一样，均有"国士"之风，并且，司马迁意图通过记载李广而达到解读李陵事件的目的。

李陵当然也继承了射箭这门绝学，不仅如此，他还继承了他祖父的带军打仗"爱士卒"的传统，最重要的是，李陵继承了李广爱冒险的行为习惯。

究其李广之一生，"结发与匈奴大小七十余战"，却无所建功，频频失意，"李广难封"这一咒语自然对李陵有很大触动。

为什么"李广难封"？李广把这归结为"命"，李陵当然不会这么看。与今天评职称一样，汉代封将也须凭借资本——军功。没有军功，光靠名声，怎能封侯？

于是李陵成年以后，花了几年时间培养了自己的一支部队，总共五千人。因为李陵同样"善射，爱士卒"，所以天汉二年出兵匈奴的时候，李陵派回汉朝的使者陈步乐给汉武帝报告说"陵将率得士死力"。

李陵的这一支军队无疑是精锐部队，李陵对自己的这一支部队也十分有信心。在出兵匈奴之前，李陵接到的任务是管理李广利的辎重，这是后勤工作，李陵自然心有不甘。于是李陵向汉武帝请兵"以少胜众，步兵五千人涉单于庭""以分单于兵，毋令专乡贰师军"。请愿得到汉武帝嘉许。

我们来分析一下这里汉武帝和李陵此时的心态。汉武帝一开始的意思是让李陵去支援李广利，但这么说不好听，有损于自己大舅子的名声，于是称之为"使为贰师将辎重"，要知道《史记·匈奴列传》的记载是当时"匈奴大围贰师将军，几不脱，汉兵物故什六七"。李广利需要增援，因为他的兵马不多，仅仅三万人。从这一点来看，天汉二年的这场对匈奴的战争只是一场规模很小的战争。

而李陵的建议是不去救援李广利，而是自己再开辟一个战场，给李广利减少压力，让李广利自己突围，李陵自己开辟的战场如果能一展雄风的话无论是对自己还是对朝廷，都将大有好处。这是李陵的本意。

当然，这一切均须汉武帝来作抉择。李广利已经失败了，且是大败，如果派兵增援，李广利颜面上不好看，如果他自己能突围将是最好的场面了。假如李陵新开辟的一个战场真能打胜仗，将不至于灭了汉朝的威风，无论是对匈奴，还是对周边各个蛮夷国家，都是一个震慑。对于穷兵黩武的汉武帝来说，震慑周边各国，令他们俯首称臣，是他的最终目的。

汉武帝正是出于这层考虑，支持了李陵五千人马深入匈奴腹地的作战方针，当然，之前，汉武帝就告诫过李陵，我没有多余人马拨给你。李陵却在此时没有进行过多的考虑。

李陵把自己当成了这场战争的"主角"，李陵率领部队直面单于！（要知道，李广利才是主力部队，而李广利进攻的仅仅是匈奴右贤王。）战争的结局，是大家都很清楚的。在杀死了一万余名匈奴人后，五千人马终究难敌十一万匈奴人的围攻。李陵投降了。李广利突围了。

只是有一点需要强调的是，李陵的残余部队回到汉朝的仍有四百人。在这样的战争里，原本不该有幸存者才对，更何况最后的战争场面是李陵被匈奴人围击在一座山谷中。只有一种解释，那就是李陵用他自己的投降换来了 400 名将士的性命，并让他们安然回归汉朝。

汉武帝在听说李陵被围击后，下令李陵"死战"。因为当初陈步乐说"陵将率得士死力"。既然在新开辟的这一战场不能胜利，但也要最终起到震慑匈奴的作用，绝不能投降匈奴，进而助长匈奴的威风。

故当汉武帝听说李陵投降时，汉武帝暴怒。要陈步乐为当初的那句话负责，陈步乐自杀。

接着，因为司马迁对李陵说了几句好话，于是汉武帝的暴怒有了进一步发泄：司马迁被处以腐刑，罪名无非是一条：朋党勾结（后来，在《报任安书》里，司马迁力陈自己与李陵并非朋友关系）。司马迁最无辜，他的腐刑最没有意义。因为此后，汉朝曾派使者前往匈奴劝说李陵还朝，自始至终没有提到"司马迁"这个名字，司马迁该承受多大的悲哀！

我们来分析一下，为什么汉武帝听了司马迁的话会发那么大的火。

司马迁的话见于《汉书·李广苏建传》："陵事亲孝，与士信，常奋不顾身以殉国家之急。其素所畜积也，有国士之风。今举事一不幸，全躯保妻子之臣随而媒蘖其短，诚可痛也！且陵提步卒不满五千，深輮戎马之地，抑数万之师，虏救死扶伤不暇，悉举引弓之民共攻围之。转斗千里，矢尽道穷，士张空拳，冒白刃，北首争死敌，得人之死力，虽古名将不过也。身虽陷败，然其所摧败亦足暴于天下。彼之不死，宜欲得当以报汉也。"

司马迁此番话毫不涉及贰师将军李广利，然而汉武帝责怪司马迁"沮贰师"，原因还得归结到李陵头上。汉武帝对李陵此战的结果肯定做过分析：李陵此战如果胜利，那最好，既能让李广利突围又能起到震慑匈奴的作用；李陵此战如果大败而归，那也好，不会让李广利没有面子，战后问罪之时李陵会承担主要责任；李陵此战如果全军覆没，自己也战死沙场，也行，那是李陵自己为冒险付出的代价，汉朝从此多一位英雄；最坏的结果就是李陵投降，在汉武帝看来，李陵如果投降，这场战争就完全没了意义。

汉武帝对待李陵，完全是一种放任的态度！当然，只有投降不能被放任，这真是专横的汉武帝！而当司马迁说李陵投降可以被"放任"时，说李陵的投降是为了以后再找机会回朝，汉武帝的怒火当然就爆发了。

《报任安书》里，司马迁写道："陵未没时，使有来报，汉公卿王侯，皆捧觞上寿。后数日，陵败书闻，主上为之食不甘味，听朝不怡，大臣忧惧，不知所出。"

这一段话说明，李陵在作战时并非与汉朝断绝了联系，而是随时报告皇帝消息的。翻阅《汉书·李广苏建列传》，能看出李陵是一名有勇有谋的将领，能想到"纵火自救"的方法的人，难道不知道自己孤立无援的处境吗？他难道自信凭借五千人马就可以对抗单于？

毫无疑问，李陵在报喜的同时，是希望得到汉武帝的增兵。没有救兵，是李陵失败的直接原因。当然，李陵失败有他自身的原因，在今天看来，李陵他太需要一场战争来证明自己了，以致他太过冒险，太过疯狂！贰师将军李广利的主力部队才三万人！并且他的目标只是攻击匈奴右贤王。凭什么你李陵五千人马就敢直面单于？当主力部队都损失了"十之六七"时，怎么会有军队来解救深陷腹地的李陵呢？李陵太单纯了，他不知道，他从始至终一直都只是个配角。如果李陵能想到，他的爷爷英武一世，而一辈子都只是充当别人的配角时，他就不会在汉武帝面前夸下海口，说要"以少胜众"了。

李陵的身体血里似乎一直流着李家那种高贵的血液（有尊严地失败）——当年的李广，不就是因为喜欢或者说习惯于以少胜多而屡遇窘境么？"李广难封"，难道仅仅只是偶然么？当然不是，喜欢冒险的将军，注定难以得到皇帝赏识。

最后得说一句，李陵恐怕呆在匈奴要好过汉朝。因为匈奴人赏识英雄，当年，匈奴人活捉了李广，愣是舍不得杀这位飞将军，结果让李广跑了。而对于李广利，匈奴人每年在祭祀的时候都会祷告"得贰师以社"。对于英雄与狗熊，汉朝与匈奴的看法之区别大抵如此。


◆ 陈胜故人


陈胜年轻的时候就有远大的志向，只是他出身寒微，并未有人把他的话真当一回事。有一次，他与一个朋友一起在给别人种地的时候，扔下了锄头，对他的朋友说："假如我富贵了，我不会忘记你的！"他的朋友一笑置之："你给别人种地，自己连块田地都没有，怎么富贵啊？"陈胜叹息道："唉，燕雀安知鸿鹄之志哉！"

此话绝不能出自一个文盲之口，但陈胜真读过多少书也很难讲，并无史料记载，陈胜的这两句话非常骄傲，大有看不起朋友之意，此后的事情发展也证实了这一点。而正因为这句话如此不符合陈胜当时的身份，所以这句话给两人都留下了难以磨灭的印象。

秦二世元年七月，天气正热，陈胜、吴广等共 900 人被遣送到渔阳服兵役，到了大泽乡，天降暴雨，道路不通，按照常理推断，大家已经无法按时抵达渔阳，按律当斩。陈胜吴广密谋起事，陈胜道："我听说接任秦始皇的应该是长子公子扶苏，但是被秦二世无故杀死，二世进而继位当皇帝。老百姓都喜欢公子扶苏，知道公子扶苏死去的消息的老百姓不多。而楚国大将项燕名满天下，极得民心，有人说他死了，有人说他逃亡了。我们如果利用这两个人的名号来起义，一定会有很多人响应。"吴广表示同意。

陈胜的起义理由现在看来很奇葩，他打算利用公子扶苏和项燕的名号来起义，一个是秦朝太子，一个是楚国的将军，即便起义，这两个人怎么可能会走在一起呢？假如起义成功，那天下是公子扶苏来坐，还是项燕来坐？但就是这样一个奇葩的理由，已经足够了，因为秦朝暴政让大家都活不下去了，他们想的是只要能摆脱现在的生活即可，管他以后谁做皇帝呢？

所以，陈胜利用了中国人对于天命术数的迷信，开始了运作。他在一块布上用红笔写上"陈胜王"几个字，放到捕鱼人捕上来的一条鱼肚子里，有人买鱼吃，发现了这块写了字的布，惊讶不已。陈胜又让吴广晚上偷偷去营地附近的庙宇扮狐狸叫"大楚兴，陈胜王"。整个营地的人都轰动了。

秘密活动取得了团体信任后，陈胜吴广采取公开行动了。由于吴广平日很讲义气，和大家打成一片，一天，等到看守他们的将尉喝醉了酒，吴广故意说自己打算带大家逃亡，其实就是说给将尉听的。将尉十分生气，在酒劲下，他发力鞭打吴广。吴广瞅准时机，拔出将尉的腰中宝剑杀死了他，陈胜也趁机杀死了另一个将尉。

杀人，尤其是杀秦朝官员，那是标志性的造反，这一步不是谁都敢率先走出来的。于是，陈胜吴广召集大家起义，道："大家遇到这场大雨，已经晚了，大家都要被杀。即便不被杀，在渔阳防卫也是九死一生。怎么样都是死，为什么不轰轰烈烈地去死呢？更何况我们起义，也不一定不成功啊！"然后大声说了一句极具煽动力的话："王侯将相宁有种乎！"

起义就这样开始了。

陈胜自立为将军，带着这900人攻东打西，中间不断吸收兵力壮大，到了陈地，队伍已经发展到兵车六七百乘，一千多匹马，几万步兵。汉代以后，形容一个国家大小再也没有"乘"这个兵车概念了，秦朝这个时代是兵车战争发展的末期，随着战争方式从野战到攻城的转变，随着城墙的逐渐加固和增高，战争开始以步兵作为主导力量。

陈胜很快按捺不住了，在虚荣心的唆使下，他自立为王，建立了"张楚"政权。但是在这个政权背后，是极度松散的兵权结构。据记载，当时，几千人扎堆起义的队伍不可胜数，他们在名义上由陈胜指挥，暗地里都打着自己的如意算盘，很快，能打仗的人就开始占领地块，形成了割据势力，纷纷自立为王，不甘居于陈胜之下。局势发展果如陈胜所言："王侯将相宁有种乎！"

但陈胜没有制约他们的手段，甚至，作为起义的首倡者，他背负着巨大的压力，因为，秦兵的打击是以陈胜为第一目标的。陈胜被迫承认各个割据势力，继而，自己的嫡亲部下也不听号令，出现杀死长官的事例，最严重的一次莫过于杀死了和陈胜一起打天下的吴广，理由是吴广骄横，又不懂兵法。

部下如此叛逆，陈胜选择了纵容，不仅不惩罚首犯，还封其为上将，这无疑是动摇军心的举措。也许杀死吴广确实也是陈胜的本来意思，但是通常的做法一定是要处死杀死吴广的首犯，找到一个替死鬼。这件事带来的的严重后果，陈胜根本就预计不足，以致逐步让陈胜丧失了威信，此后叛逆的事件不断发生，最终随着局势不断恶化，军心离散，陈胜自己走投无路，死于朝夕陪伴在身边的马车夫庄贾的手中。从称王到被杀，陈胜只不过做了6个月的陈王而已。

陈胜刚称王的时候，当年那个和他一起耕地的人听说了这个消息。因为当年陈胜说的那句话犹在耳畔，于是他就跑到了陈地，敲宫门说要见陈胜。守宫门的人准备将这个放肆无礼的人抓起来，恰好此时陈胜外出。此人大声叫喊陈胜的名字，陈胜听到了，于是让他坐了自己的马车，和自己一起入宫。此人看到王宫陈设如此豪华，皆是自己前所未见，惊叹道："夥颐！涉之为王沉沉者！" "夥"是楚国这边的鄙人方言，意思是"多"。此人叹了这句话之后，流言四起，大家都说"夥涉为王"，瞧不起陈胜的出身低微。

而此人却毫不觉得有不妥之处，也不觉得陈胜有何王威，认为他当年与自己的身份一样，自己凭着昔日与陈胜的交情，今后也当以兄弟相处。结果有大臣进言陈胜应该杀死这个故人，否则今后陈王威信扫地。陈胜照做了，此后陈胜其他故人渐渐与其疏远，而他也再无可以推心置腹的人可信赖。

陈胜的这名故人固然该杀，但岂非陈胜纵容的结果？而陈胜纵容，也是因为当年自己贫寒时对朋友说过的那句名言。他并不想身边有这样一个可以共富贵、老让自己颜面扫地的朋友，所以最后要借大臣之手杀掉这位故人。这很像当年郑庄公故意纵虎为患，最后顺利灭掉弟弟共叔段时所使用的手段。试想，如果他想让这位故人活下去，只用私下里叮嘱一声让他别放肆即可，这位故人之所以做事越来越没底线，都是陈胜的手段。

陈胜终究只是一个草莽英雄，他是有些手段，但量窄，智谋不足，注定了其失败的结局。然而，他是刘邦喜欢的人物，如果不是陈胜首倡，杀死了那名秦朝军官，继而天下英雄纷起，便不会有后来的刘邦。

### ◆ 管鲍之交

管仲和鲍叔牙是好朋友，打小就是。两人长大以后，均热心于政治，然而他们政治方向的选择出现了差别，管仲选择了辅佐齐国的公子纠，而鲍叔牙选择了辅佐齐国的公子小白。

当时齐国的国君是齐襄公，荒淫无道，两个弟弟一个叫公子纠，一个叫公子小白，害怕灾难降临到自己头上，都选择了逃离国都，公子纠逃到了鲁国，公子小白逃到了齐国另一个城市莒。

公子纠和公子小白都有望成为齐国的下一任国君，那么管仲和鲍叔牙他们是在搞政治投机吗？一人赌一位齐国公子，不管哪位公子最后做了国君，赌对了的人就可以拉一把赌错了的人。从此后的历史来看，事件确实是这么发展，但相信管仲和鲍叔牙都不至于如此无耻，对自己的主君会存有不忠。最大的可能是两人终于性格不合，继而分道扬镳。

管仲在做了齐国丞相之后，说了这么一番话："我困窘的时候，曾和鲍叔牙一起做生意，我一向自己搞私吞的，但鲍叔牙不认为我很贪婪，因为他知道我很穷，要补贴家用；我和鲍叔牙一起谋差事，结果自己混得比鲍叔牙差了好多。但鲍叔牙不认为我很愚蠢。因为他知道我没遇到好的时机；我曾经三次做官三次被主君驱逐，但鲍叔牙不认为我没用，因为他知道我没遇到明君；我曾经三次打仗三次临阵逃跑，但鲍叔牙不认为我胆怯，因为他知道我家里有老母亲要奉养；我辅佐公子纠失败后，好友召忽选择了为公子纠自杀，虽然我没有自杀，但是鲍叔牙不认为我很无耻，因为他知道我是不拘小节，知道我的理想是扬名天下。"

从这番话来看，鲍叔牙对管仲是自始至终的好，管仲透露了自己的诸多毛病，如贪利忘义、贪生怕死等，管仲自认为自己比鲍叔牙贤能，他肯定无法容忍自己的光芒长期被鲍叔牙压抑，所以最大的可能是管仲主动离开了鲍叔牙，去寻求自我价值的实现。管仲也谈到了自己多次去辅佐不同主君的经历，所以公子纠也不是他一开始就打算辅佐的对象。管仲后来选择辅佐公子纠，最大的可能就是去战胜辅佐公子小白的鲍叔牙。管仲相对于鲍叔牙，其心胸之窄小简直让人可悲可叹。

后来，齐国果然发生内乱，齐国国君被刺死。齐国大夫高傒与公子小白关系友好，便派人暗中去莒地通知公子小白回到国都临淄继位。此时，鲁国也听说了齐国国君死亡的消息，便也加紧派兵护送公子纠赴齐国继位，为了以防万一，公子纠派管仲率轻骑先行一步，埋伏在公子小白回临淄的路上，管仲对着公子小白射了一箭，射中了公子小白的带钩，公子小白佯装死亡。管仲自以为得手，遂将这一好消息速告公子纠。

公子纠放下心，以为再无人与自己竞争，整支队伍行进速度于是就慢了下来。另一边，公子小白加快速度赶回临淄。还没等到公子纠进入齐国国境，已经听到齐国立公子小白为国君的消息了，齐国进而集结兵力阻挡公子纠入境。公子纠兵力不足，只有退回鲁国再作打算。

公子纠知道，如果让公子小白平稳地做上齐国国君，可能都不用半年，齐国就不会再有人支持自己当齐国国君了，于是这一年的秋天，他在鲁国的支持下，对齐国发动了一次战争。可惜，这次战争以鲁国大败而告终，鲁国的军队甚至被齐国军队重重包围，没有退路。公子小白给鲁国国君鲁庄公写了一封信，要求杀死公子纠，并且将公子纠的两大助手召忽和管仲送到齐国受刑，否则大军压境。

鲁国没有办法，只好听命于齐国，诛杀了公子纠。召忽并不肯被鲁国送到齐国受刑，而是选择了自杀，管仲没有自杀，他选择了送到齐国受刑这条路。

按照公子小白的最初意思，他怎肯放过当年那个向自己射了一箭欲置自己于死地的管仲呢？只是鲍叔牙的一番话改变了他的初衷，鲍叔牙劝公子小白道："如果你只是想好好治理齐国，没有其他想法，那么有我和高傒两个人辅佐你，也就足够了。但若是你想称霸于其他诸侯，那么就非要有管仲帮助你才可以，此人大才，绝不可为鲁国所用，所以我们可以假装必杀管仲以报一箭之仇的借口，让鲁国毫无疑虑地将管仲交给我们。"

鲁国果然将管仲押送到了齐国，但公子小白并没有将管仲剁成肉酱，而是听了鲍叔牙的话，重用管仲，此后果然成了春秋的一大霸主，他就是鼎鼎有名的齐桓公。

管仲的治国谋略，大致是利用齐国的地理优势，发挥渔盐之利，重视礼乐教化，国内政策以顺民、便民为主，外交上利用仁义道德的借口征伐不服的国家，同时对一些小国又能够甘舍小利以服天下。其名言是："仓廪实而知礼节，衣食足而知荣辱。""知与之为取，政之宝也。"

如鲁国屡败于齐国，于是被迫听命于齐国，举行齐鲁会盟。会盟中，鲁国大将曹沫自觉愧对鲁庄公的信任，便冲上盟台，用匕首劫持齐桓公归还从自己手里被齐国夺取的土地。齐桓公被迫答应，事后，齐桓公认为当时被迫答应的事情并不能够算数，意欲反悔，但管仲劝他不要反悔，认为为这一点土地而失去自己的信用并不值当，齐桓公要成为霸主，信誉是第一位的。齐桓公听了管仲的话，果然天下大服。

管仲处处约束齐桓公，虽然当时周天子势微，而齐桓公自己即使再如何强大，毕竟身份还是一个诸侯，让他不要违背一个诸侯应遵守的礼节，以免得不偿失。比如他要求齐桓公跪拜周天子的使者，他力阻齐桓公封禅等。但管仲自己的生活却骄奢无比，自己作为一个大夫，生活规制却堪比王侯，孔子就很瞧不起管仲这一点。司马迁也不认同管仲，他认为："管仲世所谓贤臣，然孔子小之。"在《太史公自序》里又认为："晏子俭矣，夷吾则奢；齐桓以霸，景公以治。"司马迁是想说"奢而霸"是不足取的，"俭以治"才是正道，所以司马迁表示他万分情愿给晏子赶马车，而不愿替管仲赶马车。

司马迁最耐人寻味的还是有关于管仲和鲍叔牙两人的讨论，他说："天下不多管仲之贤而多鲍叔牙能知人也。"管仲的治国才华自然没什么多说的，但天下有几人能有鲍叔牙如此坦荡宽广的胸怀！鲍叔牙最牛的地方并不在于他懂得管仲的才华，而是在于他在明明可以担任齐国丞相的时候，他在自己的国君面前说自己不如别人。如孙膑与庞涓、李斯与韩非、张耳与陈余，在利益面前反目成仇的事例太多了，也正因为如此，更显得管鲍之交的可贵。

### ◆ 子路这个人

子路是孔子的一名得意门生，名仲由，字子路，又字季路。妻子颜氏，卫国人。

按古代兄弟的排行，仲排行老二。子路从师孔子以后，他的父亲和兄长都还在，如《论语·先进篇》里有一句话这么说：

子路问："闻斯行诸？"子曰："有父兄在，如之何其闻斯行之？"

虽然孔子这么说，但估计子路的父兄都没有指望他能赡养他们，因为子路本来不是一个好人。他的个性直率粗暴，未从师前，头插公鸡毛，身佩公猪齿，成天打架斗殴，为害乡里。所以当年孔子要收子路为徒的时候，尽管家中要少一名"劳动力"了，估计子路的父兄还是会很庆幸的。

在古代，一般来说，读书人是要被乡里人看不起的，也是要被家里人责骂的，因为那就叫"不务正业"，如果你的家里本来就很贫困，你再读书就显得更为可耻。所以《论语·微子篇》里有一位荷蓧丈人骂了孔子一顿，说孔子是"四体不勤，五谷不分"；后来战国时候的苏秦立志读书更是被自己的嫂子骂得狗血喷头；包括再后来的汉朝的开国元勋陈平，当年也是难逃厄运。就连司马迁也很反感这帮读书人，他在《史记·货殖列传》里说道："无岩处奇士之行，而长贫贱，好语仁义，亦足羞也。"

不务正业往往就开始贫穷起来。子路很穷，颜回一家子也穷得很。颜回的父亲颜路是最早一批孔子追随者之一，由于长期不劳作，家里不用说一团糟。等到后来他的儿子颜回长大后，居然也跟了孔子学习了，颜路就更没有办法了。所以到颜回死了，老境颓唐的颜路连副棺材也置办不起。

子路的家里也很穷，穷到什么地步呢？可以从孔子赞扬子路的话来看。孔子说子路能穿着破衣烂袍和穿着狐皮大衣的人整天站在一起面无羞色，弄得子路这个老实人成天念叨着"不忮不求，何用不臧"，意思是"不嫉妒不贪婪，有什么不好？"。

孔子招徒讲学要收学费，他的最低标准是一束干肉。

我们不知道这一束干肉的概念是什么。《孟子》里说"七十可以食肉矣"，对于普通老百姓讲，似乎吃肉不是那么简单的事情啊。《左传》说"肉食者鄙"，大概是老百姓们嘲讽统治者吧。

颜回拜师可以靠老乡关系。子路的家里穷，不知道家里凑不凑得起一束干肉，当年子路又羞辱过孔子，可能是孔子看子路本性很实在同时又长得不坏才收他的吧。有时候孔子是以貌取人的，比如有一个叫澹台灭明的人要拜孔子为师，孔子就为难了好久，因为这个人长得太丑了，于是孔子心里滋生反感之心，认为这个人没什么发展前途。谁知到后来澹台灭明学成以后，秉公执法，门徒众多，名闻诸侯，弄得孔子惭愧连连。

当然，孔子的门人是富人的也有不少。

比如公西华家里很有钱，有一次孔子派他出使齐国，这一去要不少时间，所以有一个弟子叫冉有的就向孔子请求拨发公西华对老母亲的赡养费。孔子很不高兴，原因有三。第一，从师徒角度看，老师有事，弟子服其劳，这是弟子应该做的分内事情；第二，从礼节角度看，孔子认为我又没有封公西华官做，用不着给他俸禄；第三，从经济角度看，孔子认为公西华出使齐国，车肥马、衣轻裘，他家里很有钱，根本用不着自己给他母亲赡养费。还比如他还有个弟子名叫公良儒，他的拜师费是五乘兵车，算起来是二十匹马！这在当时可不是个小数目。

孔子曰："自吾有回，门人日益亲。"大概孔子弟子之间的关系不是那么好的。为什么呢？推算开来，当是弟子贫富分化严重的缘故，贫者益清高，富者益骄傲。后来穷得叮当响的颜回加入孔子贫困的弟子阵营，孔子就把他当作两派之间的平衡柱了，老是夸赞颜回，让贫者心安，让富者戒躁。孔子很会调和矛盾。孔子在做鲁司寇的时候，摄相事，任用他的弟子原思作宰，在原思明说不要俸禄的时候，孔子仍然坚持给他俸禄"粟九百"，尽管有些少（相对于他自己的六万粟俸禄来说），但也是一种调和的手段吧。

到了孔子去世以后，门人间的矛盾大概又暴露出来了。原思是个穷人，子贡驷马连骑地去拜访他，嘲笑他"病"，实际上就是嘲笑他穷。到了《论语·子张篇》里面，我们能看到的多是子张、子夏、子游之徒的相互诋毁。如：

子夏之门人问交与子张，子张曰："子夏云何？"对曰："子夏曰：'可者与之，其不可者拒之。'"子张曰："异乎吾所闻。君子尊贤而容众，嘉善而矜不能。我之大贤与？于人何所不容？我之不贤与？人将拒我，如之何其拒人也？"

这确实是毫无意义的争辩。

子路性格鲁莽。

这种性格有时候表现为他做事情很果断。孔子对他有一句评价叫"片言可以折狱者，其由也与"。不过，有时候这种"果断"让孔子很不高兴。

因为孔子平时对子路很重视，所以有一次孔子生了很严重的病（可能会死），子路就开始以大弟子的身份替老师操持起了丧事。《论语·子罕》里可以见到这一条记载：

子疾病，子路使门人为臣。病间，曰："久矣哉！由之行诈也，无臣而为有臣。吾谁欺？欺天乎？且予与其死于臣之手也，无宁死于二三子之手乎？且予纵不得大葬，予死于道路乎？"

子路的意思是要给孔子以盛大礼节（至少大夫级别以上）送葬。孔子就很上火，自己还没死呢，这是子路在咒自己吗？你子路这一次鲁莽得也有些过头了吧！而另一方面，子路在这里估计也很冤枉，因为孔子很重视名分，颜回死的时候，孔子不舍得拆掉自己的马车给颜回做棺材，其理由是自己是大夫，出门不可走路。而这次子路就依着这个级别给老师送葬，怎么老师又不满意？

孔子对子路还有一句评价是"由也好勇过我"，甚至孔子预言到了子路的结局："若由也，不得其死然。"后来子路果然不得其死。

子路在临死之前，遇到的最后一位朋友是子羔。子羔也是孔子的一名学生，《史记》记载："子羔长不盈五尺，受业孔子，孔子以为愚。"孔子认为子羔很"愚"，子路却不这么想，在子路担任卫大夫之邑宰的时候，他任命子羔为"费宰"，孔子很不满意，认为子羔没读什么书，没资格担任这一职位，子路就反驳："有民人焉，有社稷焉，何必读书然后为学！"孔子就骂子路妄辩、徇私。

这一点确实让人感到奇怪：子路为什么对子羔这么好，甚至不惜顶撞老师？或许至少我们可以这么说，子路怀有与孔子不同的政见：子路能给青年人更多机会。虽然这样，孔子在评论各位弟子的时候，还是很大度的，在"政事"一栏里，仍然填上了"子路"的名字，尽管子路的官越做越小（《史记》载，子路先做季氏宰，蒲大夫，然后做卫大夫之邑宰。）

但子路和子羔面对同一事件的不同态度，可能又证明了孔子是对的，子路是错的。

卫国动乱后，子羔在卫国里面，子路恰好不在卫国。在子路听说动乱的消息后，子路赶赴卫国，希冀以己之力能够平息卫国动乱，在卫国城门口，子路遇到了子羔。子羔当时正从城内出来，看到子路后，他对子路说："出公去矣，而门已闭，子可还矣，毋空受其祸。"子路说："食其食者不避其难。"最后，子羔逃难了，而子路果然赴死。

子路死的时候，自己的帽带被砍断了，子路把自己的帽带重新系好，把帽子扶端正，说："君子死而冠不免。"终于无憾而死。

很多人对子路的唯一印象就是"勇"。其实，一个"勇"字怎能代表子路？一个"勇"字如何能够解释他的死亡？司马迁说过："知死必勇，非死者难也，处死者难。"

子路死后，孔子很感慨地说："自吾得由，恶言不闻于耳。"很可能，在子路生前，子路是不允许别人毁谤孔子的。一个事实是，《论语》的第十九章记载了叔孙武、陈子禽等人质疑、否定孔子的话。而在子路活着的时候，《论语》记载的只不过是"长沮、桀溺、荷蓧丈人、楚狂"等少数几位隐士规劝孔子的话，言辞并不激烈。或许我们可以说，孔子活着的时候，维护他名声的是子路；孔子去世以后，维护他名声的是子贡。

在孔子问子路志向的时候，子路说："愿车马、衣轻裘，与朋友共。敝之而无憾。"是的，他没啥大志向，他说得远不如颜回漂亮，但他骨子里的"侠"气让我们一览无余，让我们震撼。

说子路"勇"，不如说他"侠"。

历史上有很多讷言善行之人，子路就是其中一位。

《史记》记载田常欲伐鲁，孔子召开门人集体会议，让门人出使各国以图力保鲁国。子路请缨，"孔子止之"。这说明，孔子对子路的口才是很不放心的。

《论语·述而》另外记载了这么一件事：

叶公问孔子于子路，子路不对。子曰："女奚不曰，其为人也，发愤忘食，乐以忘忧，不知老之将至云尔。"

当叶公向子路询问孔子的为人时，子路居然不知道如何回答为好，于是干脆不回答。我们在《论语·子张》里可以看到子贡巧舌如簧地为孔子辩解，比子路可厉害多了，但笔者却仿佛透过那则故事看到了子路当着叶公的面，脸慢慢红起来的表情！

是的，子路实在是一位"真"人！

他敢对孔子摆脸色，他敢对孔子不满。

卫灵公的宠姬南子有淫名，孔子去卫国后，南子自称叫"寡小君"，说："四方之君子不辱欲与寡君为兄弟者，必见寡小君。寡小君愿见。"孔子去见了南子，子路就不高兴了。然后孔子匆忙地向子路解释："予所否者，天厌之！天厌之！"作为老师，他居然会向自己的弟子解释。

孔子困于陈蔡的时候，"不得行，绝粮，从者病，莫能兴"。这是一次非常严重的事件，徒弟们对老师几乎全都产生了不满。子路就脸有愠色，首先发难，嘲讽孔子说："君子亦有穷乎？"然后质疑孔子"仁德"不够，孔子就和子路解释说："由，譬使仁者而必信，安有伯夷、叔齐？使智者而必行，安有王子比干？"

子路，又是最尊敬孔子的弟子之一。《论语·公冶长》记载："子路有闻，未之能行，唯恐有闻。"这样的弟子实在不多啊！

相对于一些喜怒不形于色的人来说，子路的这一"真"的性格着实让人喜欢。

据《史记》载，子路比孔子仅仅小九岁，虽然孔庙四配中没有子路的位置，但是孔子与他的关系真可以称得上是亦师亦友了！

## ◆ 晋惠公背信弃义

晋惠公就是夷吾。"骊姬之祸"后，晋国内乱，一时没有国君，大臣邀请在外逃亡的夷吾回国继位。夷吾为保自己的安全，令人一方面去秦国讨要援兵，另一方面答应给予辅佐自己的大臣里克以好处。他对秦国的许诺是将晋国的河西之地割让给秦国，这就是著名的春秋故事"烛之武退秦师"里烛之武对秦穆公所说的晋惠公曾"许君焦瑕（二地名）"；他对里克的许诺是将汾阳赏给他作为封邑。

就这样有了里应外合后，夷吾被拥立为晋国国君，是为晋惠公。按照继位前的条款，他要把国土割让给秦国，还要把最繁华的汾阳让给里克，他可不舒服。于是他派人去秦国告诉秦穆公说："我本来很想履行条约，但继位后大臣们却不答应，说晋国的土地是祖先的土地，当时与你们签订条约的时候只是一个晋国普通国民而已，并没有权力将祖先的土地割让给别人。自己争不过大臣，只好罢了。"就这样晋惠公干脆利落地回绝了秦国，为了避免秦国报复，晋惠公在秦晋边境线上修筑好了防御工事，做好了严密防范，秦国也只好就此罢休。

晋惠公执政后不仅不给里克封邑，反而夺了他的权力，继而又找借口杀掉了里克。他对里克说道："没有你，我确实坐不上这个位置。但你为此杀了两任国君（骊姬的儿子奚齐和骊姬妹妹的儿子悼子），我现在做你的国君，有点胆战心惊啊！"里克是个直肠子的人，他批评晋惠公道："不杀掉他们，你哪能登上君位，这道理你难道还不懂。想杀一个人，何患无辞呢？我按照你的意思去做好了。"里克就这样自杀了。

晋惠公继位第四年，晋国爆发了饥荒，晋惠公脸皮很厚，居然向秦穆公借粮食。秦穆公征询大臣们的意见，大臣们的意见分为两派。"五羊大夫"百里奚代表一派，道："天灾流行，每个国家都有可能遇到灾荒，国家相处之道就是相互援助，应该借给他们。"另一派人则道："晋惠公是个背信弃义的人，现在帮助他，只怕转眼之间他就忘了。"最终秦穆公采纳了百里奚一派的意见，道："我这是借粮食给晋国老百姓吃，他们的国君虽然是个小人，但老百姓犯了什么过错呢？"于是，晋惠公顺利借到了粮食。

没想到过了一年，果如百里奚所言，轮到秦国爆发饥荒了，于是秦穆公向晋惠公借粮食。晋惠公也开了一个会，商讨借不借的问题，但在商讨之前，他提出了自己的看法，就是应该抓住这个时机攻打秦国。

晋国大臣庆郑一听，以为晋惠公的脑袋烧糊涂了，反驳道："几年前你依靠秦国才坐稳江山，之后背叛了条约。去年晋国大闹饥荒，秦穆公借给了我们粮食，今年他们遇到了麻烦，毫无疑问应该借粮食给他们啊！对不起人家一次，怎么能对不起人家两次，更何况还变本加厉想要乘人之危！"

晋惠公听了后心里很不爽，但也知道庆郑代表了很多人的意思。这时候大臣虢射出来支持晋惠公道："去年老天给了秦国灭掉晋国的机会，秦国不知道争取；今年老天给了晋国灭掉秦国的机会，晋国怎么能逆天而行呢？一定要攻打秦国！"虢射的强盗逻辑太对晋惠公的胃口了，于是不仅不借粮食给秦国，反而发动了军队进攻秦国。

秦穆公震怒，他才明白，原来这世界上真的有这种人存在。于是秦穆公号召大家勒紧裤腰带和晋国作战。晋惠公一看秦穆公这么猛，又害怕了，对庆郑说道："秦军怎么怀着这样的深仇大恨啊？"庆郑嘲讽道："为什么这样，你不比谁都清楚啊！"

晋惠公出征前卜了一卦，看看谁与自己在同一辆马车上比较好。一般而言，一辆马车上有三个人，除主帅以外，另两人分别负责驾车和保卫工作。根据卦象来看，庆郑无论是负责驾车还是保卫工作都很吉祥，但晋惠公很不满意庆郑屡次反驳嘲讽自己，道："庆郑不礼貌，打仗时不要他和我在一起。"于是晋惠公在这两个位置上都安排了别人。

两军在韩原会战。结果晋惠公乘坐的马车的马就是不肯走动，秦军往这边压了过来，晋惠公着急了，想让庆郑帮自己驾车，结果庆郑不答应，道："你当初就不按照卦象办事，当时不用我，现在才想到我，吃了败仗不是理所应当吗？"庆郑并不肯帮助晋惠公驾车，转身离开了。

晋惠公只好另找了梁繇靡帮自己驾车，另让虢射担任自己的安保工作。这么一安排，居然让晋惠公破坏了秦穆公的车轮，晋惠公大喜，正要俘虏秦穆公，这时秦穆公的一帮死士冲了过来，不光救了秦穆公，反而俘虏了晋惠公。

　　这真是风云突变。秦兵捕获晋惠公后，非常高兴，要将他杀死来祭天。不巧，因为秦晋之好的缘故，秦穆公的夫人是晋惠公的姐姐，这时看到弟弟就要被杀死了，就穿着丧服在那里哭。秦穆公只好安慰自己的夫人道："大伙儿抓到他逗逗乐而已，哪里是要真的杀掉他呢？"于是就和晋惠公结盟，答应放他回国。晋惠公回国前还让使者回国带话道："我即便能回国，哪里还有脸面对先祖呢？你们定一个黄道吉日让我长子继位吧！"

　　晋惠公经历这一次生死大变，才决定洗心革面，做一个合格的晋国国君，回国后，第一件事是杀掉庆郑，然后修政教，稳定国家政权。

　　庆郑无疑是一个很有正义感的大臣，那么他该不该被杀呢？庆郑走到被杀这一步既有晋惠公的原因，也有他自身的原因。如果庆郑遇到的是赏识人才的秦穆公，他真的不大可能会是这样一个结局；而在晋国国君定下了攻打秦国的计划后，作为臣子，就理应去配合工作，而不是在晋惠公就要可能被俘虏的时候，他任性不给对方驾车，坐视国家利益不顾。在这一点上，他与"烛之武退秦师"中的烛之武真的差别好大，烛之武这一生也没做上官，但为了国家利益，并不顾自己与郑文公的私人恩怨，他是真英雄。

第四章

《史记》中的

不解仇

翻开《史记》，很难不因书中的各种仇恨而动容，他们大多是鼎鼎有名的英雄豪杰，他们大多数人都有着成功的事业，很容易让人想到他们有着宽广的胸怀。然而他们中有的人的人生轨迹的确是因为"仇恨"二字而驱动起来，继而发生错乱。其中有的人一开始本是兄弟朋友，是相见恨晚，但最终因为一些问题分道扬镳，甚至相互残杀，不禁令人唏嘘。

　　这一章节的人绝大多数都是正人君子，很少有世俗所认为的卑鄙小人，也正因如此，他们的故事才值得我们去认真研究。

## ◆ 伍子胥与楚平王

伍子胥的父亲叫伍奢,哥哥叫伍尚。伍家是楚国有名的贵族世家。

楚平王的时候,伍奢担任太傅一职。太傅就是太子的老师。楚平王的太子名建,太子建有二个老师,除了伍奢以外,还有一个老师叫费无忌,他担任的官职是少傅,是伍奢的副手。伍子胥一家的悲剧,正是费无忌一手造成的。

这个费无忌的名字他爹妈没给取错,做起事来确实不害怕啥,他虽然是太子的老师,但他却不忠于太子,他知道在太子的眼中,太傅伍奢的地位比他这个少傅要重要得多,未来太子建继位登基,自己未必吃香。于是他就打起了小算盘,与其等待一个不可靠的未来,不如把命运掌握在自己的手里,干脆投靠楚平王。他在寻找机会,而机会很快就来了。

太子年龄大了,到了谈婚论嫁的年龄。楚平王打算给太子建娶个媳妇,他委派太子少傅费无忌去秦国求亲。费无忌到了秦国以后,发现秦国的公主长得非常漂亮。于是费无忌就派人快马赶回楚国向楚平王报告:"秦国的这位公主可漂亮了,大王可以自己娶过来,然后替太子建另外再找一位媳妇。"

春秋时期,诸侯之间的政治联姻是常有的事情,既然是政治联姻,那么嫁给太子或者嫁给楚王就没有什么明显区别。但中间又有一些不同,因为太子谁也不能担保以后就一定能继位,另外谁也不知他何年马月才能继位,那么与其嫁给太子,自然不如嫁给当今实权在握的楚王。

于是,一幕丑剧就发生了,楚平王娶了本来要做自己儿媳的秦国公主。这位公主果然十分漂亮,很得楚平王宠爱,她也给楚平王生了一个男孩子,这个男孩子名轸,后来果然抢过了太子建的王位继承权,这是后话。

自打费无忌做出了这种事后,他就成了楚平王身边的大红人。但费无忌也面临着一个问题需要解决,那就是万一哪天楚平王驾崩了,太子建继位,他一定不会轻易饶了自己,于是费无忌坏事做到底,他就整天在楚平王面前说太子建的坏话,太子建的母亲早已失宠,另外楚平王自己对娶了太子建媳妇的这件事也感到抹不开脸,也不愿意每天父子见面彼此尴尬,于是他就把太子建派到城父这个地方去防守边境了。

我们常说福无双至祸不单行,实在是许多的祸是人为制造出来的。

太子建防守边境,手里还有重兵,费无忌怎么甘心就这么算了,于是他继续在楚平王面前说太子建的坏话,他说:

"太子以秦女之故,不能无怨望,愿王少自备也。自太子居城父,将兵,外交诸侯,且欲入为乱矣。"

我们注意费无忌的话,他说太子"不能无怨望",这完全是一种猜度的语气,费无忌就是用这种"证据"来给太子建定罪。昏君和奸臣向来就是一对奇葩组合,他们在历史长河里总是以搭档的形式完美地出现在各个朝代。

伍奢要倒霉了。太子要谋反，自然与他的老师脱不了干系，于是太傅伍奢被抓了起来严刑拷问。伍奢是个本分人，一门忠烈，莫须有的罪他当然不肯承认，但这于事无补。

经过了费无忌的层层设计，楚平王和费无忌就是要最终致太子建于死地，太子建一定要死，那样之后，楚平王才能够掩盖他的丑闻，同时也能够立他和秦女的儿子轸为太子。伍奢只不过是个杀死太子建的棋子，他招认了自然更好，万事皆顺。即使他不招认，也要乖乖背上莫须有的谋反大罪。

伍奢不是个傻瓜，他在被抓的时候就知道这个阴谋的真正目的，他不肯屈服。楚平王无法在他的身上找到突破口，无法找到正当借口去捉拿太子建归案。于是他一方面将气息奄奄的伍奢收押，另一方面下令城父的司马奋扬秘密杀掉太子。司马奋扬与太子建有过接触，也知道他被赶出朝廷派到城父的原因，知道这是冤案。于是他在派兵捉拿太子的路上，故意拖延时间，然后暗中派人快马赶到太子那里通知太子赶快逃跑。

面对这样板上钉钉的事件，太子建必须出逃，最终，太子建逃到了宋国。

费无忌赶走了太子心中很得意，然而太子建没死始终是他的心病。他又在楚平王面前说道："伍奢有两个儿子，特别贤能，如果现在不处理掉，以后会成为楚国的忧患。如果他们辅佐太子建，那就麻烦了。请大王下令捉拿这两个人。"

楚平王于是诏令天下，四处张贴榜单，榜单上写着："伍奢的儿子如果投案自首，那么就释放伍奢；如果不来投案自首，那么就杀死伍奢。"

看到榜单后，伍奢的大儿子伍尚就准备投案自首，但小儿子伍子胥伸手阻拦他的哥哥说："很明显，楚王是在诈我们两人，我们去投案，三人全部会死，那样有什么好处呢？我们全家死了以后，谁会替我们报此血海深仇呢？我们不如逃到别的国家，假借别国之力来报杀父之仇。"

伍尚是个聪明人，他说："我知道去了肯定是死路一条，但如果不去天下人就会批评我们不孝，那样的话楚王就会把杀掉我们父亲的责任全部推卸到我们头上，如果我们以后不能够报仇雪恨，那不就惹人耻笑吗？伍员，死易生难，死这么轻松的事情就让我来做，报仇雪恨这么难的事情就交给你了。"

于是，伍尚投案了，伍子胥就逃跑了。伍子胥听说太子建在宋国，于是就跑到了宋国跟随太子建。伍尚投案之后，和他的父亲伍奢一起被杀死了。一起被杀的还有郤宛、伯州犁等一批忠臣。伍奢很了解他的小儿子，他在临死前说了一句意味深长的话："楚国从此有战乱了。"

伍子胥到了宋国以后，恰逢宋国内乱，于是伍子胥和太子建一起逃到了郑国，郑国君主很隆重地接待了他们。这期间，太子建为寻求政治援助，又去晋国拉关系，晋顷公说："太子你和郑国关系友好，郑王也很信任你。我有个主意，我想攻打郑国，你给我做内应，郑国肯定可以灭掉，等灭掉郑国以后，我就把郑国送给太子吧。"

太子建很高兴地回到了郑国，准备策反事宜。碰巧这时有位下人得罪了太子建，太子建要杀掉他，这个下人逃到郑定公那里把这秘密泄露了，郑定公和辅政大臣子产赶紧动手，诛杀了太子建。

到了晚上,伍子胥带着太子建的儿子公子胜一起准备逃往吴国。到了昭关，守关者拦住了伍子胥的马车，伍子胥拉着公子胜丢下马车趁着黑夜逃跑了，来到了江边，前无渔船，后有追兵，伍子胥着急啊，到了快天明时，伍子胥终于看到了一艘渔船。后人传说此时的伍子胥一夜之间急白了头发。

渔船带着伍子胥和公子胜到了彼岸，逃脱了郑国军队的追捕。伍子胥渡过河之后，把自己的腰间宝剑解下来送给老渔夫，说："感谢您的大恩大德，这把宝剑价值百金，算我的一点心意，您收下吧。"老渔夫说："我知道你是伍子胥，楚国的榜单上写着，抓了你解送到楚国，会得到丰厚的奖赏，既封爵位，又有五万石的粮食可拿，你这把宝剑相比那些东西算得了什么呢？我知道你受了冤屈，全家被灭门，我这是真心帮你，并非贪财之辈。"老渔夫坚决不肯接受宝剑。

伍子胥在去吴国的路上，因为患了急病，走不动了，甚至还讨过饭。这就是伍子胥，为了报仇雪恨，他什么卑贱的事情都愿意去做。伍子胥还有个本领就是看人很准，到了吴国后，伍子胥看到吴国的将军公子光兵权在手，有谋反的意思，于是他就开始替公子光策划，他推荐给了公子光著名刺客专诸，准备等时机成熟了就刺杀吴王僚。

伍子胥在吴国待到五年的时候，楚平王死了，楚昭王继位，前文说过，楚昭王就是公子轸。吴王僚趁楚国新君刚立未稳，就倾国之力派重兵袭击楚国，没想到进入了楚国的包围圈，被楚军困住了。这时吴国国内空虚。

时机成熟了，公子光邀请吴王僚去他家吃饭，宴席上，公子光派专诸献上一条肚里藏着一把匕首的烤鱼给吴王僚，借机杀掉了吴王僚。公子光继位，他就是春秋末年鼎鼎有名的吴王阖闾。

吴王阖闾开始重用伍子胥，伍子胥终于得到了吴国的军事支持，他开始筹划自己积蓄多年的复仇计划了。此时，吴王还请来了著名的军事家孙武，四处征战，战无不胜，攻无不克，吴国实力在此时达到了巅峰。

在多次的吴楚之战的打击下，楚国的实力逐步虚弱，在吴王阖闾继位的第九年，吴国军队攻破了楚国的国都郢，楚昭王仓皇而逃。伍子胥在郢都的废墟中四处寻找楚昭王的下落，但找不到，于是，他找到楚平王的坟墓，掘开了坟墓，把楚平王的尸体鞭打了三百下，来发泄当日的灭门之仇。

司马迁对伍子胥的评价非常高，他这么说道：

"向令伍子胥从奢俱死，何异蝼蚁。弃小义，雪大耻，名垂于后世，悲夫！方子胥窘于江上，道乞食，志岂尝须臾忘郢邪？故隐忍就功名，非烈丈夫孰能致此哉？"

司马迁似乎很喜欢"快意恩仇"的人物，他并不因为伍子胥有"弑君"的嫌疑而批判他，司马迁很有是非之心。

伍子胥虽然报了这血海深仇，但他自己的下场并不好，在差不多二十年后，他因为屡次耿言直谏得罪了吴王夫差，最终被吴王夫差赐死，具有讽刺意义的是，吴王夫差是听信了一个人的谗言而赐死了伍子胥，这个人名叫伯嚭，而此人正是当年和伍奢一同被楚平王杀死的忠臣伯州犁的孙子。这实在证明了忠门之后未必忠，奸门之后未必奸的道理。

## ◆ 田忌与成侯邹忌

齐国出过不少名人，战国初期，更有人称"三邹"这样杰出的人物出现，"三邹"是邹忌、邹衍和孟子。三个人都是有名的文臣，邹忌和邹衍加入"三邹"这一行列是因为姓氏，孟子加入这一行列是因为他是邹国人。

能够和孟子齐名足见得邹忌的厉害了，那邹忌究竟是什么人呢？

关于邹忌最有名的一件事莫过于"邹忌讽齐王纳谏"了。这则故事被收入了国内高中课文，并且经久不衰。这则故事告诉我们邹忌是一个身材修长、容貌漂亮而且比较自恋的人。

故事说邹忌有一天照镜子，看到自己很帅，然后就想和城里一个也很帅的人比较比较，那个人叫徐公。邹忌就分别问了他的妻子、他的妾还有他家的客人同一个问题："我和城北徐公相比，谁更漂亮啊？"他得到的答案都是一样的，那就是大家都说他长得漂亮。邹忌虽然自恋，但对自己的认识还是比较清楚的，他开始反思这个问题："明明我比不上徐公漂亮，为什么大家还说我漂亮呢？"他想了想，明白了。他的妻子爱他、他的妾怕他、他的客人有求于他，所以他们都说违心的话，夸他漂亮。然后邹忌去见齐威王，告诉了齐威王这个道理：不要随意听信身边人的话，因为齐威王身边的人也会对齐威王爱、怕和有事相求。齐威王听从了他的话，致力于国政，齐国逐步成了国力强盛的大国。

邹忌就是这样一个人，很得齐威王的宠爱，他和齐威王见面才三个月，齐威王就封他做了丞相，刚过一年，就封他为成侯。

那田忌又是什么人呢？

田忌是齐国王室，是齐国当时很有名的一名将军。田忌这个人能够善遇良才，当年孙膑从魏国逃到齐国时，田忌知道此人不一般，就以尊贵的门客身份礼遇他。孙膑的才能也很快显露出来。

有一次，田忌和齐王赛马，田忌老赢不了，但田忌死不认输，屡败屡战，屡战屡败。田忌很气恼，但没有办法。这时候孙膑在旁边说话了，他说："你再赛一次，我保证让你赢。"孙膑很相信孙膑的话，于是这一次押上了千金筹码。等到快要比赛了，孙膑对田忌说："你们的马我都分成了上中下三等，你们开始赛马的时候，都是上马对上马、中马对中马、下马对下马，因为每一级别的马力你都比齐王要弱那么一点点，所以才导致你每赛必败。如今你听我的，你用你的下马对他的上马、用你的上马对他的中马、用你的中马对他的下马，这样就没什么问题了。"

果然，用了孙膑的方法，田忌以二比一顺利地拿下了比赛，赢得了齐威王的千金筹码。齐威王大吃一惊，他询问田忌取胜的原因，田忌积极地向齐威王举荐孙膑这位人才，最终孙膑成了齐威王的王牌军师。

从上面的事例来看，邹忌和田忌应该都是不可多得的人才，应该都不是嫉妒贤能的人，但就是这样杰出的两个人却闹起了矛盾。

一个朝廷里面，最好的是文武大臣同心同德，一致对外。但是，一般来说，文臣和武将却最容易闹矛盾。我们最熟知的一个故事就是廉颇和蔺相如的故事。为什么呢？原因不外乎武将认为自己功劳最大，文臣呢，也认为自己运筹帷幄，功劳比武将大。所以往往两者关系很难调和。

文臣和武将闹矛盾的结局往往是武将败得很惨，这一局面并不难理解，文臣整天在君王身边，只要不是耿言直谏的文臣他就自然讨喜，佞臣的鬼点子更是多得吓人，而喜欢耿言直谏、为国为民的文臣他几乎不会和武将闹矛盾；常年身在千里之外的武将拥有实际兵权，也确实没有哪一个君王能对他们完全放心。文臣和武将闹矛盾的情况就一直从古代演绎到今天，我们完全可以推测，这肯定还将延续下去。

文臣和武将斗最悲剧的情况就是文臣很坏，整天花言巧语蛊惑君王；而武将整天浴血奋战，最终却不是死在战场上，而是死在佞臣的手上，比如秦桧和岳飞就是如此。所以陆游有一首词里有这么一句话，叫作："笑儒冠自来多误！"这一句话里不知含有多少悲愤之情！

邹忌和田忌闹矛盾以后，邹忌就在等待机会坑害田忌。机会终于不期而至。

急功近利、很喜欢打仗的魏惠王四处征战，威胁到了齐国，特别是招募到了庞涓统兵后，气焰更是嚣张。

这时候有人开始出主意去攻打魏国，这个人不是邹忌，也不是田忌，而是邹忌的一名门客，叫作公孙阅。

俗话说"将门有将，相门有相"，邹忌的点子多，邹忌的门客点子也不少，邹忌的门客公孙阅对邹忌说："主公啊，您怎么不提议去攻打魏国呢？您提这个建议齐王一定赞同，况且我认为这是您除掉田忌的大好机会啊。您想想，齐国一出兵，必然是田忌当将军去打啊。如果最后战争取得了胜利，这是您邹忌的功劳，因为这次攻打魏国的建议是您提的；一旦战争失败，那田忌他肯定不就是战死沙场就是逃跑啊。战死沙场最好不过，一旦逃回来，你不也可以用军法严惩田忌吗？这样一来，田忌的性命不就捏在了你的手里了吗？"

这一招极其毒辣，我们可以称之为"假公济私"，不少人都会这一招，孙武老爷子应该把它写入《孙子兵法》中的。春秋时候的伍子胥为了报楚平王的灭门之仇，当年也是利用了"假公济私"这一招，他逃到吴国借助了吴国的兵马终于如愿以偿。

邹忌一听，妙计！然后就劝说齐威王派兵攻打魏国，这确也正中齐威王下怀。齐威王果然派田忌领兵打仗。但这次战争田忌没有输，因为田忌的身边有孙膑大力相助，这场战争就是历史上很有名的"围魏救赵"。

令邹忌没想到的是，此后，田忌和孙膑两个人搭档，老打胜仗，名声大振，邹忌气坏了，没想到想害他反而成就了他！真是偷鸡不成蚀把米啊！

公孙阅看邹忌整天闷闷不乐，又对邹忌说："主公啊，田忌这厮命还挺大，运气还挺好，我们再想个办法弄死他，他现在名声大起来了，名声一大，齐威王就会对他起疑心，您不妨这次就诬告他要造反。"

邹忌就问了："怎么个告法？"

公孙阅说："赶明儿您派个人假装成是田忌的手下，手里拿着10金，去集市上去问一卦。您让他说他的主人田忌屡战屡胜，名震天下，现在想要做一番'大事'，想算一卦不知道能不能成功。这问卦一事必将很快传开，我们报仇的事情也就成功了。"

公孙阅的这一招不仅毒辣，而且令人心生厌恶，多少名臣武将就是死在这些人的一张嘴上。如果邹忌和田忌之间不是不解之仇，那么邹忌必然不会置之死地而后快。

邹忌照着公孙阅的说法做了。邹忌派了一个人去问卦的时候，实际上早就埋伏好了一帮人守在那里。等那个人一走，邹忌就命人抓住了算命的人，然后将他送到齐王面前充当人证。

齐威王本来就有点怀疑手握重兵的田忌，这事再经过邹忌在中间的添油加醋，于是就下令缉捕田忌。田忌看势头不对，就逃跑了。

邹忌终于胜利了，文臣笑到了最后。

## ◆ 项羽与刘邦

秦始皇好大喜功，统一六国之后，很喜欢全国巡游，炫耀皇威。据《史记》记载，项羽和刘邦在反秦之前，都曾遇见过秦始皇。

秦始皇在游玩会稽的时候，很多百姓在路旁瞻仰（可见愚民之多，一方面厌恶秦始皇，另一方面又那么殷切地希望亲眼看到秦始皇，如果有幸得到秦始皇扔下的什么垃圾，估计回家还要当成宝贝供奉）。项羽当时也在观者之列，他并不像那些愚民那般反应，而是说了这么一句话："彼可取而代也。"意思是秦始皇不过如此，取而代之轻而易举，充满了英雄气慨。

刘邦当泗水亭长的时候，经常押着犯人去咸阳服徭役，刘邦能看到秦始皇的机会不少，《史记》记载他经常这么感慨："嗟乎，大丈夫当如此也！"这句话充满了艳羡的味道，《史记》用了"喟然长叹"一词来形容他的感慨，更加能让人看出他那垂涎三尺的姿态。

秦二世刚刚继位，天下就开始大乱，陈胜吴广率先挑起反旗，此后起义军起义的浪潮更是风起云涌，秦始皇想让秦朝传到秦万世的梦想居然在秦二世的手上就被断送。

历次起义运动，先驱者几乎都是以失败而告终，陈胜称王以后，才短短6个月，就兵败被杀。当时有个叫陈婴的人的母亲说了一句话，很能代表乱世之中一些英雄的心理："不如有所属，事成犹得封侯，事败易以亡。"这句话说明，领头的英雄不是那么好做的，不是人人都能做的。所以领导人一般不是十分英雄，就是十分平庸。英雄者是真有魄力，平庸者是别人推出来的傀儡。

当时诸侯实力最大者莫过于楚，楚国的诸侯叫楚怀王（历史上还有个老楚怀王，他曾驱逐屈原，最后被秦国欺骗，客死秦国，陈胜兵败死后，项梁和项羽为激发楚国对秦国的民愤，他们在民间找到了老楚怀王的孙子，他当时已沦落为一个牧羊儿，项梁和项羽把他推举为楚国诸侯王，再次称呼他为楚怀王）。楚怀王的实力大，也仅仅是因为手下有项羽和刘邦。

秦二世三年，项梁被章邯击败身死。楚怀王为激发诸将的斗志，与手下诸将定下盟约：谁先进入函谷关，就推举他为王。虽然这只是楚国内部的一次约定，事实上，反秦主力就在楚国，这次盟约就变相成了天下诸侯共同承认的盟约：谁先进入函谷关，谁就能统领各路诸侯。

这次盟约的签订有其必要性，因为当时陈胜、项梁先后战死，起义军谁也不敢主动去挑战秦军，都龟缩在自己的既得领地内，采取观望态势，这给了秦军很大的喘息机会。

这个盟约很具有诱惑性，但盟约签订后，仍然没有诸侯王去攻取函谷关，谁都怕自己的既得利益受到损害。其实，这个盟约完全是在诱惑人，没有实际的约束力，也不能怪诸侯们不理会这个盟约。因为，毛主席他老人家都说过"枪杆子里而出政权"，普天之下，谁有兵权谁才有发言权，到那时，谁还管你当年的这个盟约呢？后来的局势发展也印证了这一点。

当时除了项羽想为项梁报仇、愿意和刘邦一起攻打函谷关以外，当时真的没有人愿意去打函谷关。但楚怀王身边的人都说项羽为人残暴，攻城略池之后，往往屠城，不得人心，所以不能派项羽去打函谷关。而相反，刘邦宅心仁厚，人所称颂，是攻打函谷关的最佳人选。就这样，项羽就失去了直接向西攻取函谷关的机会了，楚怀王让项羽跟随宋义北渡黄河去救赵国。

因为这时候，秦军在名将章邯的统领下，开始大肆反扑。章邯击溃了项梁军后，认为南方大局已定，于是率军渡过黄河，向北攻打赵国，赵国大败，退兵进入巨鹿城以自保，局势岌岌可危，旦夕要为秦所灭，赵国向天下诸侯伸手求援。

宋义何许人也，为何此时居然官位高于项羽？宋义其实只是因为一件事情而出了名，那就是当初项梁屡战屡胜之时，宋义去求见项梁，说："战胜而将骄卒惰者败。"宋义阐述了骄兵必败的道理，项梁没有听，结果真的身死沙场。

楚怀王就这样听说了宋义，他把宋义召进宫与宋义进行了一番畅谈，谈完之后，更加欣赏宋义，并让宋义做了上将军，位置在项羽之上！楚怀王这一做法有可能是试图栽培自己的亲信，但项羽焉能让得手的兵权拱手相让？

在赶往拯救赵国的路上，宋义的意思是作壁上观，坐等秦军攻打赵国，秦军打了败仗那就一举向西入函谷关，秦军如果打了胜仗那也很疲惫了，这时再打不迟。其实赵国当时身处险境，不是没有援兵去救，而是别的诸侯持的想法都与宋义相似。

项羽据理力争，大骂了一通宋义，然后杀掉了他，接管了这支军队。楚怀王栽培亲信未果，只好容让项羽做了上将军。项羽率军渡过黄河，驻军巨鹿城下。

巨鹿之战，项羽施展了他的军事才华，破釜沉舟，以少胜多，大败秦军，拯救了危在旦夕的赵国，一时之间，威望冠于诸侯。然后，项羽的军队直面秦军的主力章邯，章邯此前击杀了项羽的叔父项梁，而项羽击破王离后士气正旺，两人都知道对方是劲敌，都不敢擅动。赵国的陈余对章邯施展反间计，挑拨章邯与秦二世之间的关系。

终于，章邯率20余万秦兵投降项羽。项羽此时做了一件事情，这件事对他以后影响极大。因为秦兵刚刚投降，军心未稳。项羽害怕这些秦兵进入函谷关以后会反叛，于是连夜坑杀了这些秦兵！实际上我们现在很难判断当时项羽的做法究竟是对还是不对，他有他的道理，但此后项羽火烧秦宫，放弃咸阳，迁都彭城，最终为刘邦所败，与他此时坑杀20余万秦兵、得罪了秦地的父老乡亲有很大关系，而这竟为此后楚汉相争项羽的最终落败埋下了伏笔。

接受了章邯投降后，项羽向西进兵，来到函谷关，发现自己已经来晚了，并且仅仅只比刘邦晚到一个来月，函谷关已经被刘邦拿下了，并且此时函谷关城门被刘邦派人把守着，不让项羽入关。

项羽很生气，第一，他生楚怀王的气，如果不是楚怀王派他去北边救赵国，凭他项羽的本事，十个函谷关也拿下了；第二，他生刘邦的气，因为刘邦还真把当年那个盟约当真了，居然守着关口不让自己进去，还在咸阳城里大肆收买人心，与秦国父老约法三章：杀人者死，伤人及盗抵罪，刘邦还真要准备占城为王了！

项羽当即命手下骁将黥布攻下了函谷关，因为此时刘邦屯兵10万在咸阳城东边的霸上，项羽的40万大军就在离霸上稍远的新丰鸿门驻扎下来，准备择日与刘邦一决死战。

刘邦攻入函谷关后，秦王子婴向刘邦投降标志着秦朝的正式灭亡（此后刘邦也把这一年定为汉朝元年），当然，就在项羽认为自己可以称王天下的时候，其实楚汉相争的序幕才刚刚开始拉开。项羽一路过关斩将，如今坐拥40万大军，显然被胜利冲昏了头脑，他轻视了身边的所有对手。然而，有一个人的头脑是清楚的，他就是年逾七十岁的范增。项羽很尊敬这位老者，但可惜的是，项羽的刚愎自用浪费了这位老者的诸多智慧。

范增此时对项羽说了这么一句话：

"沛公居山东时，贪于财货，好美姬。今入关，财物无所取，妇女无所幸，此其志不在小。吾令人望其气，皆为龙虎，成五采，此天子气也。急击勿失。"

项羽决定攻打刘邦了。我们很难猜测项羽此时的想法：他难道觉得刘邦是他日后夺取天下的最大威胁？如果项羽是这么想的，在接下来的鸿门宴上，项羽就不应该放走刘邦。

很显然，此时的项羽并没有把刘邦放在眼里，无论从个人能力方面，还是从军队规模方面，项羽觉得自己超出刘邦一大截。所以，项羽很藐视地说了一句："旦日飨士卒，为击破沛公军！"

然而，项羽连自己内部出了奸细还不知道。如果是一般的奸细也就罢了，这个奸细居然是项羽的叔叔——史书上称为"项伯"的那个人！

项伯夜往刘邦军营，为刘邦通风报信，刘邦为了让项伯救他，于是与项伯约定为儿女亲家（历史没有记载后来刘邦是否真的实践了这一诺言，不过，刘邦平定天下后，为表示感激，特封了项伯为射阳侯）。在张良和项伯的策划下，刘邦决定来日去鸿门向项羽登门谢罪，这就是历史上的"鸿门宴"。

鸿门宴上，范增屡次示意项羽动手杀掉刘邦，但因为刘邦低声下气来求他，项羽得到了精神上的胜利，觉得手中只有10万兵马的刘邦始终难成气候，人家来请罪，如果杀掉刘邦反而会给别人留下话柄——这会得不偿失的！所以项羽对范增的暗中示意熟视无睹。

范增急了，范增心里清楚地知道刘邦的威胁，他知道"夺项王天下者，必沛公也"，他决定自己动手。于是他让项庄在酒席间舞剑助兴，借机杀掉刘邦。但项庄在舞剑的时候，却遭到了项伯的阻挠，项伯也跟着舞剑，他没有给项庄刺杀的机会，这就是著名的"项庄舞剑，意在沛公"，这也是项伯的第二次叛变。

鸿门宴上，项羽终于没有动手，刘邦后来找个上厕所的机会从小路逃回了霸上的大本营，一次剑拔弩张的、本应改变历史发展趋势的这次宴会也因此烟消云散。

接下来，项羽诛杀秦王子婴，火烧咸阳，在戏下举行了诸侯封王的大会。在这次大会上，项羽根据入关的各位诸侯立功的表现，共分封了18位诸侯王，他自立为西楚霸王。为了让诸侯们信服，他努力向当年楚怀王定的"先入关中者王之"那则条约靠拢，他封了刘邦为王，但并没有把刘邦封在关中，而是把刘邦封在了巴蜀之地。

项羽的这次戏下封王的分封标准存在问题，他按照"是否入关"这一标准来分封，毫无疑问，这还是当年的那个条约在作怪。而且，在项羽分封的时候，更多的是根据个人的好恶。自然，一部分手中有兵力却没有得到封赏的诸侯就心存怨念，另一些立了大功却不能得到正常封赏的诸侯们也心存不满，这为接下来诸侯的叛乱埋下了隐患。

刘邦起初的打算是韬光养晦，以图长远，所以他在去巴蜀的路上，前脚走，后脚就把走过的道路毁掉。这样做的一个目的是向项羽表示我不会谋反，另一个目的是防止项羽命诸侯在背后偷袭。但刘邦这一计划很快就落空了，因为刘邦发现军中的将士都思念自己的家乡，都不愿意背井离乡来到一个陌生的地方，所以一路上都有将士逃亡的现象。这时韩信就劝告刘邦道："将士们都是崤山以东的人，日夜思归，如果我们利用他们的这种渴切思归的心情，打下天下，是极有可能成功的。但如果现在不赶紧起兵，真等天下安定下来，他们就会苟且偷安，就没有人想打仗了。"

恰好此时发生了两件大事。一件事是项羽为了坐稳王位，暗中派人杀掉了楚怀王；另一件事是齐国的田荣因不满项羽分封而自立为王。这两件大事使得项羽的威信受到极大削弱，刘邦趁项羽派兵剿灭北方的田荣之际，正式挑起反旗。

刘邦第一步夺下关中，然后刘邦给项羽写了一封信，说自己只是想得到关中，因为本来当年的条约中就说了"先入关中者王"，并且在这封信里，刘邦信誓旦旦地说自己得到关中就满足了，绝对不会再起兵向东进攻。

于是项羽专心去攻打齐国，结果刘邦在关中为义帝楚怀王发丧，然后以项羽诛杀义帝楚怀王犯了大逆不道之罪为由号令天下共击项羽。

接下来的两年时间里，楚汉之间经过几次大战，两军进入相持阶段。在这几次大战中，基本上楚军占据了绝对优势，但像黥布这样的骁将却投靠了刘邦，另外，一直以来都是作为项羽臂膀的亚父范增被刘邦设下反间计，致使父子俩反目成仇，范增更因此怒火攻心而死。这给项羽造成了致命伤害。

日后，项羽再也派不出如黥布这般英勇善战且值得信任的将帅去打仗了，而刘邦一边却有彭越、韩信，还有刘邦自己三股大的军团分别作战。而项羽虽然英勇异常，却终于分身乏术，一步一步使自己的实力慢慢削弱下来，再加上两军对垒，自己的粮道被彭越切断，项羽终于被迫答应与刘邦签订和约。

刘邦此时既然占据如此优势，为何不在此时举兵灭掉项羽反而要和项羽签订合约呢？其实这也是刘邦的一个诡计，因为此前刘邦的父亲刘太公被项羽俘虏了，如今还在项羽手上，如果不救自己的父亲，无疑会给自己在历史上找骂名。

项羽却没有意识到这一问题，他大势已去，却仍以为自己凭借昔日的威望有与刘邦谈判的资本。项羽用刘太公换来了屁用不顶的一纸和约，和约规定：楚汉以鸿沟为界，中分天下，鸿沟以西为汉，鸿沟以东为楚。

项羽天真地引兵东归，而此时刘邦却集结军队，向项羽发动了攻击。为了让诸将团结一致，刘邦重重封赏了韩信、彭越和黥布等人。汉高祖五年，刘邦和诸将在垓下与项羽决一死战。

垓下之战，项羽大败，全军覆没，项羽本人也因愧对江东父老而自杀身亡。后世很多人都感慨项羽应东渡乌江，以图东山再起。但失败后的项羽已不是当年意气风发的项羽了，他已经没有勇气再重来一次。

诚然，项羽死后，刘邦已经赢得了天下，但自古以来的礼仪之邦鲁国此时却坚决不相信不可一世的项羽会被狡诈的刘邦杀死，鲁国仍然坚守城池，不肯投降刘邦。刘邦没有办法，只有把项羽的头颅展示给鲁国人看，鲁国百姓这才放弃了坚守。

也许，鲁国百姓的坚守就是对项羽的最大慰藉吧。而刘邦随后迅速夺取了韩信的兵权的这一行为，也是对韩信本人最大的嘲讽吧。

## ◆ 人彘事件

吕太后在《史记》中有本纪一篇，这就是说，司马迁把吕太后当成了女皇帝载入历史了。那么吕太后是什么人呢？

吕太后的名字不好听，叫吕雉，雉的意思是野鸡，但就是这样一只野鸡，日后却成了权倾天下的凤凰。使吕雉"野鸡变凤凰"的神话的缔造者当然是汉高祖刘邦。

吕雉能嫁给刘邦完全是吕雉的父亲吕公的主意。吕公是单父人，因为避仇来到了沛县定居。因为吕公与沛县县令关系友好，于是沛县县令搞了一桌盛大筵席来欢迎吕公，自然，沛县有头有脸的人物就都带着礼金来庆贺。

后来成为刘邦开国功臣的萧何当时担任沛县县令的主吏，在这场筵席上他掌管宾客的礼金，他告诉手下人说："来赴宴的宾客礼金没有达到一千钱，那么就只能在堂下坐着。"这时刘邦进来了，他身上分文未带，但嘴上却大喊："我的贺金一万钱。"

吕公被这么丰厚的礼金吓了一跳，出来看是谁，虽然萧何在一旁说刘邦这是在说大话，但吕公还是邀请刘邦坐了上座。酒席散后，吕公对刘邦说："我从小擅长看相，你的面相富贵无比，如今我有一女，希望能嫁给你。"吕雉的老妈极力反对，但吕家吕公说了算，最终吕雉嫁给了刘邦。

吕雉生了一男一女，男的就是汉孝惠帝，女的就是后来嫁给赵王张耳之子张敖的鲁元公主。

汉惠帝名叫刘盈，性格比较柔弱，刘邦认为这个孩子一点也不像自己，平定天下之后，屡次想要废掉刘盈的太子之位。自然，刘邦不只是这个原因才想废掉太子，这可能仅仅只是个借口罢了，真正的原因是吕雉年老色衰后（当然，吕雉年轻时也不一定有姿色），刘邦不喜欢吕雉了，吕雉连刘邦的面也很少得见。

刘邦在四处征战的时候，身边跟随的女人不是吕雉，而是一位叫戚姬的女子，戚姬还给刘邦生了一个儿子，叫刘如意。俗话说，母因子贵，有了儿子以后，戚姬的心思开始不安分了，她日夜在刘邦面前啼哭，缠着刘邦要刘邦立刘如意为太子。

戚姬的做法无可厚非，哪一个女人不想自己的儿子君临天下？哪一个女人不想自己母仪天下？戚姬的这一做法历朝历代的妃子们都在不停演绎着。刘邦经常抱着他心爱的儿子刘如意，屡次发出这样的言论："终不使不肖子居爱子之上。"意思是刘盈不像自己"英伟"，刘如意远甚于刘盈。

戚姬和吕雉之间的争斗不可避免了，戚姬得到了刘邦的宠爱和支持，此时的赢面很大，纵观历史，改换太子的事例比比皆是，形势对吕雉很不利。

吕雉着急了，她需要找人帮忙，让刘盈在太子的宝座坐稳当。当然，着急的也不只是吕雉一个人，朝廷里正直敢言的大臣也站出来支持太子刘盈，毕竟轻易废除太子容易引发朝廷动荡。所以，吕雉在这一场争斗中的胜算也有。

当时朝廷里最敢发言的人叫周昌，周家人一家都不怕死，周昌有个堂兄叫周苛，当年一起追随刘邦打天下。后来在楚汉战争时，项羽俘虏了周苛，项羽让周苛投降，结果周苛反而打骂项羽道："该投降的是你！你早晚都是汉王的俘虏！"项羽也不是吃素的，就把周苛给烹了。刘邦知道这件事后，对周家人十分敬重，因此凡事对周昌都礼让三分。

周昌真是个不怕死的，有一次他在刘邦和戚姬寻欢作乐的时候跑进宫里去禀奏大事，周昌看到刘邦正抱着戚姬，就退下去了，没想到刘邦放开戚姬，追赶上了周昌，然后骑在周昌的脖子上，问周昌说："在你心目中，我是个什么样的君主啊？"周昌坦然说道："陛下和夏桀、商纣没啥两样！"刘邦心中有愧，只好一笑了之。

等到刘邦把另立太子的意思一公布出来，周昌又站出来支持太子，周昌是个口吃，一急了就说不出话来。刘邦问他有什么意见，周昌就说道："臣口不能言，然臣期期知其不可；陛下虽欲废太子，臣期期不奉诏。"

这句话很经典，到了后来成了"期期艾艾"这一成语的来源，这里的"期期"实际上没有任何意义，就是口吃的时候发出来的音节。周昌这句话的意思就是说我虽然是个只懂打仗的粗人，但是我也知道祖宗礼法不可轻易变更，刘邦你要废除太子，我周昌是个不怕死的，我是坚决不肯答应的。刘邦拿周昌没有办法，只好拿周昌惹出的这一笑话一笑了之。

周昌说这番话的时候绝对没有帮吕雉的意思，但吕雉这时候居然偷偷地在大殿的隔壁听政，等到退朝以后，吕雉见到周昌，给周昌跪下表示感谢，说："多亏了您啊，没有您，太子就会被废掉了。"

自然，周昌的莽撞率直的行为只能一时阻挡住刘邦，并不能够真正打退刘邦另立太子的决心。吕雉要想保住她儿子太子的位置，必须另想它法，而且一定要行之有效。

这时有人给吕雉出主意，说："留侯张良善于出谋划策，以前打天下的时候帮了刘邦很多忙，如果让张良出来劝阻刘邦，或许能够成功。"吕雉没有办法，这时，死马也当活马医了。吕雉找张良的办法很绝，她不是去留侯府去请张良，而是让自己的二哥建成侯吕泽去"劫"留侯张良，没错，《史记》用的就是"劫"这个字。

吕泽对张良说："您是陛下最重要的谋臣，如今陛下要换太子，您就高枕无忧，没有任何动作吗？"

张良说："陛下信任我、听我的话，那都是以前打天下时候的事情，如今天下太平，陛下如何还听我的意见，况且不管立谁为太子，都是陛下的骨肉，我们做臣子的怎么好去分离他们的骨肉之亲呢？"

吕泽急了，逼迫张良道："今天您无论如何替太子想个办法。"

张良被逼无奈，只好说道："这种事情不是凭借伶牙俐齿就能行得通的，朝中规劝陛下的大臣数以百计，不都没用吗？如今要想保住太子之位，普天之下只有四个人能做到，这四个人分别叫作东园公、角里先生、绮里季和夏黄公，当年陛下敬重四人，要他们做官，但这四人认为陛下总是怠慢污辱人，所以隐居山中，不肯出来做官，只要你找到了这四个人，我想陛下总会听他们的劝告的。"吕雉以太子的名义终于请来了四位隐士，拿到了王牌。

刘邦平定黥布的叛乱后，身体情况日益糟糕，他心中更换太子的想法更加迫切。一次宴席上，刘邦吃酒太子陪侍，太子请了皆已年过八十岁的四位隐士跟着自己。刘邦看四人衣冠严整、容貌非凡，知道不是一般人，在询问之下，知道了四人原来就是自己平生最仰慕的四人，于是刘邦问四人有何见教，四人回答道："我们听说太子为人仁义孝顺，爱惜贤能之士，很得天下士人之心，所以我们四人愿意辅佐太子。"

宴席散罢，刘邦指着四人远去的背影，对身边的戚姬无奈地说道："我本意是想更换太子，但如今恐怕不成了，太子有这四人辅佐，羽翼已成，位置难以撼动了。哎，日后，吕雉就是你的主子了！"

刘邦心里难过，他知道吕雉一旦掌权，戚姬就没有好日子了。戚姬哭了，这道理她何尝不明白？刘邦说道："你给我跳一只舞，我唱歌给你伴奏。"

这一场面颇似当年"霸王别姬"那一幕，刘邦的这首歌也唱出了自己英雄迟暮而无可奈何的感觉，这首歌是这么唱的："鸿鹄高飞，一举千里。羽翮已就，横绝四海。横绝四海，当可奈何。虽有矰缴，尚安所施？"

刘邦把这支歌反复唱了几遍，戚姬一边跳着舞，一边泪流满面。

刘盈终于坐稳了太子的宝座。然而刘邦虽然坐着龙椅，脸上却经常挂着忧容。刘邦身边的一个近侍看出了刘邦的忧愁，就问刘邦说："陛下因为还怕自己百年之后，赵王（刘如意）年少、戚夫人和吕后有矛盾而忧愁吧。"

刘邦说："是啊，如意才十岁，我想不出办法来解决这个问题。"

这个近侍就进言道："周昌啊，陛下忘了么，如今朝廷里面，周昌怕谁？谁不忌惮周昌三分？维护赵王以及戚夫人的安全，只有周昌能够担当此重任。"

刘邦一想也是，于是就把周昌叫过来，嘱咐周昌道："吾欲固烦公，公强为我相赵王。"

纵观刘邦这一生，能让刘邦称呼为"公"的人真的没有几个，如今刘邦再也不敢笑话周昌口吃了。周昌承担了这份责任。

刘邦死后，吕后果然欲杀赵王而后快，她屡次派人请赵王入宫，周昌知道去了就是死，所以每次他都说赵王生病了无法走远路。吕雉怕日久生变，她打算速战速决，于是就派人召周昌入宫。

周昌作为臣子，王后有命怎能不从呢？于是周昌离开了赵王，赶赴咸阳。周昌前脚走，吕雉的使者后脚就到了赵王宫，这一次没有周昌挡路，赵王刘如意只好跟着使者来到了咸阳，才一个月过一点，刘如意就被吕雉下毒毒死。

吕后最怨恨的戚姬死了丈夫，失去了儿子，又没有周昌帮忙，变得孤苦伶仃，最终竟成了吕后的玩物！

吕雉命人砍断戚姬的手足，挖掉戚姬的双眼、用火熏烧戚姬的双耳，用药毒哑戚姬的喉咙，将她置于厕所里，称之为"人彘"。

吕雉的这一行为只能说是丧心病狂，在处理"人彘"后，这个女疯子似乎觉得这种光荣行为应该让更多人看到，于是把自己的儿子也叫过去观看。刘盈看到了这幅场景，痛哭流涕，他责骂吕雉道："这不是人做的事情。"

古往今来，后宫之仇多矣，然而竟至吕雉和戚姬这般惨烈，这是绝无仅有的事。作为一名太后，被儿子责骂不是人，这也是绝无仅有的事情。


◆ 张耳与陈余

韩信曾有一段时间左右着天下局势，他可以让天下向着不同的三个方向发展：如果他帮助项羽，那么最终取得天下的就会是项羽；如果他帮助刘邦，那么最终取得天下的就是刘邦；如果他谁也不帮，自己努力经营，那么三足鼎立的局势就形成了。

此时有一位叫蒯通的谋士劝告韩信选择制造三足鼎立的局面，但韩信因为顾念刘邦的知遇之恩，不肯背弃刘邦，蒯通劝韩信的时候用了一个血淋淋的例子，这个例子就是张耳和陈余。蒯通说道："始常山王、成安君为布衣时，相与为刎颈之交，后争张黡、陈泽之事，二人相怨。常山王背项王，奉项婴头而窜，逃归于汉王。汉王借兵而东下，杀成安君泜水之南，头足异处，卒为天下笑。此二人相与，天下至欢也。然而卒相禽者，何也？患生于多欲而人心难测也。……夫以交友言之，则不如张耳之与成安君者也；以忠信言之，则不过大夫文种、范蠡之于句践也。此二人者，足以观矣。愿足下深虑之。"

常山王就是张耳,成安君就是陈余,为什么两人曾结为刎颈之交,最后却落得自相残杀的局面呢? 故事还要从秦国灭掉魏国之前说起。

张耳是战国末年魏国的都城大梁人。年少时,曾是著名的"战国四公子"之一的信陵君的门客,后来娶了一个有钱的寡妇,借助女方的钱财,张耳四处结交朋友,他的贤名开始广播,刘邦在当泗水亭长的时候还老去张耳家蹭饭吃。陈余也是大梁人,但年龄比张耳要小一辈,遇到张耳后,两人相互倾心,一开始陈余像尊重父亲一样尊重张耳,很快,两人结为了刎颈之交。

其后,秦国灭掉了魏国,秦始皇听说了魏国的一些名士,就重金购买张耳和陈余的头颅,张耳的头价值千金,陈余的头价值五百。二人为了逃避抓捕,改换了姓名,来到了陈地做了守城门的人,每天两个人就面对面站着。有一次,管理他们的一个小吏找茬鞭打陈余,陈余压抑的满腔怒火就要喷发了,这时张耳按住陈余,不让陈余爬起身来。小吏鞭打完陈余后,得意扬扬地走了。张耳把陈余拉到桑树底下,责备陈余道:"我们躲在这里是为了什么啊? 你忘了我们的志向了吗? 如今这么小的一点屈辱你怎么忍不了了呢? "遇事一个能忍,一个不能忍,事实上这为后来两人之间滋生矛盾埋下了伏笔。

陈胜起义以后,来到陈地,兵力数万。张耳陈余守城门的工作不干了,就去求见陈胜,陈胜早就听说了二人的大名,一看二人来了非常高兴,但并没有给二人安排职位。说实话,拿现在的话说,陈胜本人是个十足的"凤凰男",虽然现在实力足以称王,但自己的山鸡本色并没有改变,任人唯亲、不信赖别人、不听良言忠告是其最大的毛病,陈胜最后兵败身死与他的这一毛病是分不开的。

此时,陈地的百姓极力撺掇陈胜称王,这也是陈胜早就梦想的事情了，但不好意思，于是还假意找张耳陈余商量，结果二人却说：
"如今不是称王的时候。"

张耳陈余的理由如下：其一，起义是为天下百姓除暴安良，这
是公，如果称王，那就表示起义的目的是为了陈胜自己，这是私，
性质变了，天下百姓就不会再像以前那样信赖陈胜了；其二，如果
不称王，那么在各地找到原来六国的后人，恢复他们的王位，这样
一来，六国的诸侯一方面会对陈胜感恩戴德，另一方面会牵扯、分
流秦朝的军队，这对陈胜最后诛暴秦然后称王有百益而无一害。

当然，陈胜根本就没有听二人唠哩唠叨一大通，仍然照样称王。

张耳陈余知道了陈胜的固执，知道在陈胜身边不会有太多作
为，于是就对陈胜说："大王您专心攻打函谷关，没有精力来扫
除赵地余孽，而我们曾游历过赵地，了解当地的地形以及豪杰之
士，希望大王让我们带兵去平定赵地。"陈胜答应了，但陈胜并
没有让二人当将军，而是让他的熟人武臣做了将军，让邵骚做了
护军，让张耳陈余只是担任了左右校尉，给予的兵马也少得可怜，
只有三千人。

三千人马要想攻城略地，那是根本不够用的，所以以正义之师
诱降敌人是最好的办法，张耳陈余此前极力劝阻陈胜称王也是出于
此等考虑。武臣他们采用诱降策略，根本就没怎么打仗，拿下了赵
地三十余座城池。

张耳陈余听说陈胜因为听信谗言，杀了许多昔日重用的大将，
另外对陈胜不让二人当将军、只让当校尉心怀不满，于是就劝说武
臣称王。二人对武臣说："将军如今以三千人拿下了赵地三十余座
城池，未来陈王得到天下最多也不过封你为王，况且陈王此人喜听
谗言，已有许多军功显赫的大将被杀了，希望将军珍惜如今这一大

好时机，赶紧称王。"于是武臣就自立为赵王，让陈余做了大将军，让张耳和邵骚分别担任他的右丞相和左丞相。

张耳陈余开始帮助武臣策划壮大实力的办法。二人说："陈王如今向西攻打函谷关，希望大王您不要在此时帮助陈王用兵，大王应该在赵地四周扩张地盘。"武臣很认同这一主张，于是派韩广攻取燕地，派李良攻取常山，派张黡攻取上党之地。

李良拿下常山之后，秦将用反间计，派人送了李良一封信，信上说："如果李良能够反赵，就赦免李良的罪过，并且重用李良。"李良接到信后，犹疑不定。此时赵王让李良继续攻取太原，李良兵力不够，于是赶赴邯郸请求增兵，路上李良看到一行车骑缓缓过来，李良看到阵势庞大，以为是赵王出城，于是赶紧退到路边趴下。等到车骑到了，李良才知道原来是赵王的姐姐，赵王的姐姐喝醉了酒，对李良很傲慢。

赵王姐姐的车队走了以后，李良身边的人说："如今天下叛秦，能者先立。以前赵王的地位在您之下，如今他姐姐见到将军居然不下车，请您准许我杀掉他姐姐。"

李良本来接到秦将的反间信件后就有叛变的意思，如今一怒之下，就派人在路上杀掉了赵王的姐姐。一不做，二不休，李良率领军队袭入邯郸，在谁都没有防备的情况下，一举杀掉了武臣和邵骚，多亏张耳陈余二人平日待人宽厚，提前得到了情报，才得以逃脱。

陈余在兵败后收了散兵数万人，靠着这数万人，陈余竟然反败为胜，击溃了李良，李良投降了秦将章邯。陈余乘胜追击，引兵向北，收编了李良在常山的军队几万人。张耳找到了原来赵国国王的后人赵歇，立他做了赵王。

　　章邯是一员骁将，十分勇猛，他收编了李良的军队后，率军来到了邯郸，打算一举消灭赵地的叛军。他把邯郸的百姓都迁移出来，然后一把火烧掉了这座叛军的心脏。张耳带着赵王歇逃到了巨鹿城，章邯命令王离围住巨鹿，他自己驻扎在巨鹿城的南部，源源不断地给王离提供粮草。陈余的几万军队驻扎在巨鹿城北，看到秦朝军队规模浩大，也不敢轻举妄动。

　　巨鹿城被围之后，城中粮草日益减少，张耳心里着急，数次派使者偷偷赶往陈余的兵营请求援助，但陈余琢磨自己的军队太少，如果和秦军打起仗来，无异于羊入虎口，所以迟迟没有动手。

　　几个月后，张耳快守不住巨鹿城了，于是开始埋怨陈余，他又派了张黡和陈泽二人去陈余兵营责骂陈余："你手里有几万军队，怎么不来救我？亏我和你以前是刎颈之交，如果你还念我们以前的交情，那就快来救我，也未必就像你说的全军覆没！"

　　陈余无奈，明知道出动军队是杯水车薪无济于事，但为了照顾自己和张耳昔日的情谊，分给了张黡和陈泽五千人马。张黡和陈泽得到兵马后，向秦军发动了进攻，但果然就像陈余预料的那样，全军覆没。

　　陈余派兵了，但可悲的是张耳根本就不知道。张耳此时在巨鹿城中，还在对陈余咬牙切齿呢！其实这怎么能怪陈余呢？张耳的儿子张敖此时也在巨鹿城北，并且张敖的手里也有一万多人马，张敖作为儿子此时的态度就是作壁上观，还怎么能怪陈余不去送死呢？所以此时陈余实在很冤。

　　就在张耳快要绝望的时候，张耳的救星来了，不是别人，正是项羽，项羽掐断了王离的粮道，隔断了王离与章邯的联系，在一开始那些作壁上观的人的帮助下，王离和章邯被一一击破，王离本人被俘虏，章邯投降。

巨鹿城解救后，张耳摆酒谢了各路诸侯，但就没谢一个人，那就是陈余。他不仅没有谢陈余，并且责问陈余张黡和陈泽的所在。陈余说已经拨给他们军队了，但张耳根本不信，张耳坚持认为是陈余把张黡和陈泽杀了。

两人的友情不复存在，矛盾开始加剧。

后来西楚霸王项羽在戏下分封，他封了张耳为常山王，但封陈余仅仅封为成安君，所辖之地仅仅三个县，陈余认为张耳和自己的军功相等，但如今分封相差却如此之大，张耳是王，自己却只是个侯，所以非常生气。

恰好此时齐王田荣叛楚，田荣想给楚王项羽多立敌人，于是田荣就借兵给了陈余，陈余有了军队之后，一举击溃了张耳，张耳仓皇地逃奔了刘邦。陈余收复了赵地，把被项羽封为代王的赵王歇找回来又当了赵王。

汉高祖二年，刘邦让陈余出兵协助破楚。陈余说："你一定要杀了张耳我才出兵。"刘邦找了个和张耳长得很像的人杀了，然后用这个头颅换来了陈余的帮助。当然，当陈余发现上当后，就叛变了刘邦。

汉高祖三年，刘邦派遣张耳和韩信攻打赵地，在泜水之上杀死了陈余，接着又杀死了赵王歇。

张耳和陈余在巨鹿之围的时候，谁都有私心，陈余在明知结局的情况下最后选择了帮助张耳，顾念了一丝友情；而张耳在解围之后对陈余不依不饶，则是对朋友的不信任，让陈余吃了个哑巴亏。两人的矛盾就出在那个"私"字上，两人由至交变成至仇的过程真是令人唏嘘不已。

### ◆ 袁盎与晁错

司马迁在《吴王濞列传》后评论道："'毋为权首，反受其咎'，岂盎、错邪？"这句话的意思是，不要做人人称羡的参谋长，眼前的风光只能让你红极一时，最终你会因为这一身份而获罪倒霉。这里的盎就是指袁盎，错就是指晁错，两人都曾是皇帝身边的大红人，最后两人也因此终于不得好死。司马迁在遭受宫刑之后，对老子的思想可谓是体会精深，所谓"树大招风""枪打出头鸟"，司马迁不就是因为站出来给李陵说话才遭殃的吗？

"毋为权首，反受其咎"这句话说得很有见地，别的不说，就拿历代的农民起义来说吧，率先起义的人，不管他的势力曾大到怎样的地步，最后几乎无一例外都失败了，得到天下的绝不会是他，陈胜如此，黄巢如此，韩山童如此，李自成也如此。所以当年陈胜要称王的时候，张耳和陈余极力阻止陈胜，因为一旦称了王，就会成为很多诸侯打击的活靶子。

那么袁盎和晁错是怎么死的呢？两人又是如何结下不解之仇的呢？

问题出在晁错身上。

晁错学的专业叫"刑名之学"，和现在的法学专业差不多，战国以来，法学专业吃香得很。晁错本人不仅法学功课念得好，而且文学功底也不赖，他后来也因为其文学才能担任了太常掌故一职。

如果不是秦始皇的焚书坑儒，晁错也许一辈子就待在太常掌故这一闲职上默默无闻了。秦始皇的焚书坑儒政策让中国的文化传承在那一段时期几乎形成了真空，老师不敢教，弟子不敢学，老师即使敢教手里也不敢留有教材，因此那个时候，这些了不起的老师都把教材给背下来了。

汉文帝的时候，皇帝让民间踊跃捐出以前没有焚毁私藏起来的书籍，得到了很多经典典籍，其中包括《尚书》一书，汉武帝一问，不得了，天下人除了一个叫伏生的人懂得《尚书》以外，再无一人敢说他明白《尚书》！于是汉文帝就想把伏生弄到咸阳来教书，再一打听，不行，伏生是济南人，离咸阳十万八千里，路远也就罢了，这伏生是以前秦朝时候的博士，现在人都90岁高龄了，要是让他坐着马车来咸阳，路上非颠簸死不可。

汉文帝只能派遣一个人去济南跟着伏生学习，他把这一任务交给了太常，因为太常掌管祭祀礼仪，太常里面最聪明最有学问的人就是晁错，于是晁错就出差到了济南，跟随伏生学通了《尚书》，成了天下研究《尚书》第二人。

这一下不得了，等晁错回到咸阳，汉文帝接见他，向他请教了一番《尚书》，发现把晁错留在太常实在是屈才了，于是就升晁错做了太子舍人，在太子身边做了伴读，陪太子读书。太子着实喜欢晁错，因为晁错才思敏捷，屡出奇计，太子称呼他为"智囊"。

太子就是后来的汉景帝，等到汉景帝即位，晁错自然得到重用，在担任内史一职的时候，因常在汉景帝身边走动，其实际地位远远高过当时的丞相申屠嘉，很多大事晁错只和汉景帝商量，俨然自己成了汉朝丞相。

晁错就是这样一个人，他根本不懂得如何搞关系这一套。这和他的个性有关系，《史记》记载他的个性为"峭直刻深"，意思是为人严厉、刻薄，他的性格与当年的商鞅非常之像。这类人通常很正直，虽然身边人表面上对他们非常尊敬，但实际上这种尊敬源于对他们的恐惧。这类人的靠山仅仅只有他们的顶头上司，一旦他们的顶头上司死亡或者下台，他们悲惨的命运就到来了。

《史记》记载道："当是时，太子善错计策，袁盎诸大臣多不好错。"这句话的意思是当时除了太子喜欢晁错，朝廷里这帮大臣几乎没有喜欢晁错的为人的，其中最不喜欢晁错并且敢于表露出来这种情绪的人就是袁盎，两人的关系闹得非常僵。《史记》记载道："盎素不好晁错，晁错所居坐，盎去；盎坐，错亦去。两人未尝同堂语。"这句话的意思是，晁错和袁盎的关系僵到了两人不可以同时呆在一间屋子里的地步，更不用说两人还有什么交谈了。

自然，这种局面不会持久下去，晁错是皇帝身边的红人，袁盎也是皇帝身边的红人，两人虽都不是坏人，但很显然两人不会相安无事，两人之间的战争蓄势待发。

那么袁盎又是何许人也？袁盎也是个性格很直爽的人，眼睛里揉不进沙子，但他比晁错会做人。

第一，袁盎亲近身边的人，他很重人情。七国之乱之始，袁盎作为钦差大臣出使吴国，想平息这场战争，但袁盎去了吴国后，吴王刘濞不仅不想停战，而且还想任命袁盎作为他的将军。袁盎自然不肯，于是刘濞在袁盎的营帐外埋伏好了五百士兵，打算第二天一早杀掉他。当天晚上，一个吴兵进入他的营帐，告诉袁盎说他已经灌醉了西南角的一群士兵，让袁盎赶快逃跑。袁盎问他是谁，原来当年袁盎在吴国担任丞相时，此人是袁盎身边的从史，这名从史与袁盎身边的一位侍女私通，袁盎知道后，不仅没有责怪这名从史，反而把那名侍女送给了他。所以这次此人不惜此后面临举家迁徙、逃避追捕的困境，毅然解救袁盎。

第二，袁盎为人本色，不作伪。七国之乱失败后，袁盎被任命为楚国丞相，因为谏言不被采用，所以袁盎经常辞病在家闲居。和袁盎来往的人士三教九流，什么人都有，袁盎整天的活动也五彩缤纷，斗鸡、打猎、赌博，什么事都做。当时有个叫作剧孟的黑社会老大和他关系就很好，有个安陵富人就批评袁盎说："你怎么还和那种人来往呢？你不是自堕身份吗？"袁盎就回敬道："他虽然是黑社会，但当别人有急事之时，第一个想到要求助的人就是剧孟，他母亲死的时候，送葬的车马多达千余乘。别人有急事时，会想到找你帮忙吗？整天跟随在你身边的也就几个狐朋狗友，一旦你出事了，你觉得他们能靠得住吗？"从此，袁盎不和这位富人往来。

第三，袁盎和权臣处理关系很有一套（和晁错是例外），在权臣得势的时候，他不依附；在权臣失势的时候，他不落井下石，因此朝廷中很多人乐于与袁盎结交。汉文帝时，十分器重丞相周勃，当年吕雉几乎把刘氏天下变成了吕氏天下，正是时任太尉的周勃力挽狂澜，诛除吕氏，夺回了天下。所以汉文帝对周勃凡事敬让三分，周勃本人也是居功自傲，得意扬扬。袁盎就对汉文帝说："当年吕氏掌权之时，身为太尉的周勃并非第一个站出来反抗吕氏，在朝中大臣集体反抗吕氏之后，周勃只不过是顺水推舟利用太尉的身份做了分内之事，严格来说，周勃不仅不该如此受到尊崇，反而有罪。"后来汉文帝开始冷淡周勃，周勃就开始害怕了，周勃十分憎恨袁盎。后来，周勃下台了，别人报告周勃谋反，朝中大臣没有人敢替周勃说话，这时只有袁盎站出来替周勃开脱，说："当年周勃手掌兵权，如果要反，当时就反了，现在他只有小小一个县，怎么可能会反呢？"周勃后来得以无罪释放，袁盎在其中起了很大作用，所以，后来周勃与袁盎成了非常好的朋友。

　　袁盎不喜欢阿谀奉承，所以他不被汉文帝喜欢，后来被下放到吴国当丞相了，自然，朝廷下派到地方的丞相实际上有替皇帝监视地方藩王的意思。袁盎知道自己的职责，但吴王刘濞国富民强，打算谋反的心思不是一天两天了，袁盎知道自己如果老老实实地向汉文帝报告情况，那么自己要么被刘濞捏个罪名踢走，要么被刘濞找个刺客杀掉，所以他整日在丞相府里不务正业，诸事不问，汉文帝派使者来视察了，袁盎就说吴王不会谋反。吴王刘濞很高兴，给了袁盎很多财物。袁盎不想接受这些礼物，但不接受就是死，于是这给晁错留下了把柄。

　　汉景帝即位后，很快升任晁错为御史大夫。晁错第一个要办的就是袁盎，他派专员去核查袁盎收受吴王贿赂一事，袁盎被贬为庶人。

　　后来，吴王刘濞真的谋反，晁错第一个想弄死的仍然是袁盎，他和内阁商量道："袁盎当年不仅不履行皇帝派他监视吴王的职责，而且收受吴王贿赂，替吴王隐瞒谋反之事，每次总说不反不反，结果反了，袁盎肯定知道谋反内情，应该把他抓起来。"

　　内阁的人说："吴王反都已经反了，现在惩治袁盎有什么用呢？况且袁盎也已经被贬成平民百姓了，如果他参与谋反的话，早就做了吴王的将军了。"

　　晁错还没想好要不要把袁盎抓起来，正在犹豫的时候，有人把晁错的想法偷偷告诉给了袁盎。这时候居然有人来救助已经下台了的袁盎，可见袁盎平时的为人确实不错。

　　袁盎赶紧想办法自救，他去求见外戚窦婴，说想见皇帝一面，求窦婴安排。窦婴和袁盎关系也不错，于是就帮了他一把。

　　吴王谋反之后，汉景帝正烦恼，没有什么计策呢，听说袁盎来求见，想到袁盎曾在吴国担任丞相，多少知道一些军事情报，于是就召他进见。袁盎进见的时候，晁错就在汉景帝身边。汉景帝看到袁盎进来了，就问道："你曾担任吴国丞相，对吴国情况比较熟悉，你怎么看吴王的这次叛乱？"

袁盎说："吴王不值得担忧。"

汉景帝就纳闷了："吴国靠山铸钱，煮海为盐，吸引了天下豪杰，财富与人才积累了这么多年，他的谋反计划肯定十分周全啊，你怎么说他不值得担忧呢？"

袁盎说："吴国确实很富有，但吴国吸引的真的是豪杰吗？只怕不然，去吴国的多是贪图富贵之辈，这样的人组成军队，可以以利成，也可以以利解。所以我认为不值得担忧。"

晁错在一旁也说道："嗯，我同意袁盎的分析。"

汉景帝就问道："我不管别的，你就说有什么办法能化解这次叛乱？"

袁盎就说道："我要说的事情非常机密，希望只与陛下单独交谈。"此时汉景帝的身边只有晁错一个人，汉景帝同意了袁盎的要求，晁错恨恨地离开了。

袁盎开始给汉景帝汇报："吴王之所以谋反，症结在晁错身上。如果不是晁错一再要求削藩，吴王不会叛乱的，吴王如今叛乱打的旗号叫'诛晁错，清君侧'。我有个办法，能够消弭这场叛乱，但不知道陛下愿不愿意接受。"

汉景帝问："什么办法？"

袁盎说："办法很简单，就是杀了晁错。杀了晁错，吴王就没有叛乱的理由，这场战争就可以平息。希望陛下以天下苍生为念，杀了晁错。"

吴王叛乱伊始，风头正健，汉景帝正一筹莫展，他本不想杀晁错，但架不住袁盎的一再劝谏，就答应了。

十几天后，汉景帝派中尉去请晁错上朝议事，晁错身着上朝的衣服跟随中尉出门。晁错怎么也没有想到，他上的这辆马车不是赶往皇宫的，而是去菜市口的。就在那一天，晁错在菜市口被斩头示众。

晁错死了，当然，吴王刘濞叛乱的步伐没有停止。晁错死了，不是死在刘濞的手上，也不是死在汉景帝的手上，他死在一个被他罢官了的袁盎的手上。

## ◆ 魏其侯窦婴与武安侯田蚡

窦太后原本是一名侍奉吕后的宫女，后来吕后把宫女放出去嫁给诸侯王，窦太后就是在这时嫁给了代王（后来的汉文帝）。窦太后很受汉文帝宠爱，她给汉文帝生了两个儿子，长子是日后的汉景帝，次子是梁孝王。

窦婴是窦太后的侄子，因为这层外戚关系，在汉文帝时被给予重任，担任吴国相国，吴王就是刘濞，当年汉高祖刘邦分封刘濞为吴王，在封赏之时就后悔了，因为刘邦看出刘濞的长相有叛乱之相，而吴地、会稽这一带民风彪悍，难以治理，所以窦婴在汉文帝时担任吴国相国，当然就是监督吴王刘濞了。

也许是窦婴明哲保身，不想在吴国这座泥潭深陷下去了，所以他托病辞职。汉景帝继位后，安排窦婴担任了詹事的闲职，就是掌管皇后太子的一些事务。

窦婴此生，可以说，叫"成也外戚，败也外戚"。窦太后如果要在朝中有更大的影响力，她也需要多安排一些窦家人，当然，窦太后是希望这些窦家人都能听话，懂她的意思。但窦婴很显然有些个性，不太像窦太后的顺毛驴。

汉景帝还没立太子的时候，窦太后因为喜欢次子梁孝王，经常让他来朝廷，名为朝拜，实际上是想让梁孝王多沟通沟通与朝中大臣以及汉景帝的关系，窦太后十分想汉景帝驾崩之后，由梁孝王继位登基。《史记》里面这么记载汉景帝的身体状况："景帝常体不安，心不乐。"意思是汉景帝体弱多病，随时都可能有驾崩的可能。

所以，窦太后此举简直让人感觉到颇有些歹毒的意味。

一次，窦太后、汉景帝、梁孝王三人在一起喝酒。喝到高兴处，汉景帝就说了："我死了以后，就传位给梁王。"《史记》记载这句话记得特别怪异。因为这句话的口吻很明显不是对他亲弟弟梁孝王说的，而是对他老妈窦太后说的。汉景帝是个聪明人，他老妈的这些举动，他焉能不知其意？窦太后听了之后就很高兴。

没想到这时候，时任詹事的窦婴手捧着一杯酒，走上前来，说："汉朝天下是汉高祖传下来的，当时他与大家的约定是父子相传，皇帝怎能随意将帝位传给梁王呢？"

窦家人居然不替窦家人说话办事，窦太后怎能不生气呢？所以一气之下，把窦婴从宗族除名了。窦婴也觉得詹事一职无聊，所以就干脆就此辞官回家了。

窦婴能觉得詹事一职是虚职，不是男人干的活，这里面其实就有一股英雄气概了。所以他的辞官归隐更多的是在以退为进。

七国之乱初期，汉景帝可以说如坐针毡，不知如何应对。后来遍寻宗室人才，发现还是窦婴最为可靠，所以就召集窦婴做大将军带兵打仗，窦婴死活不肯答应，一直到窦太后恢复他宗族名位，他这才答应。

窦婴虽在家闲住，但他仍然心系国家大事。这次国家有难被皇帝征召，他就向汉景帝举荐贤才，比如袁盎、栾布等人。汉景帝赏赐窦婴金千斤，窦婴没有抱回家，而是将金子全都陈放于走廊，军中官吏只要有需要钱办事的，随便取走。七国之乱时，窦婴镇守着军事要地荥阳，取得重大战功。叛军平息后，窦婴随即被封为魏其侯。

经过七国之乱的阵痛，汉景帝随后的执政，十分依仗善于打仗的将军。在七国之乱中声名显赫的条侯周亚夫、魏其侯窦婴声望、权势、地位都得到了极大提升，比如条侯周亚夫，很快就提拔成了汉朝丞相。每次朝廷议事，大臣们大多跟随在周亚夫和窦婴之后唯唯诺诺。

汉景帝四年，立长子刘荣为太子，因其母是栗姬，故史称其为栗太子，窦婴担任了太傅一职。三年后，因为汉景帝后宫争宠，栗太子被废。窦婴作为太傅，力谏无果，于是称病告退。没过多久，汉景帝就立了刘彻为太子，他就是日后的汉武帝。

窦婴其任性至此可见一斑，他如此意气用事，因故窦太后几次建议汉景帝让窦婴担任丞相，汉景帝都执意不许。直至汉武帝继位，窦婴才当了很短时间的丞相，而这还是朝廷新贵、汉武帝的表舅田蚡为树立自己让贤的名声而让给窦婴的。

田蚡长得不好看，但汉武帝的亲生母亲王太后非常喜欢田蚡，认为此人有学问，又有才华，在汉武帝继位的时候，田蚡出了不少力。汉武帝很快就封了田蚡为武安侯。窦婴和田蚡都推崇儒家学说，但窦太后却独爱道家学说，窦太后一直都是个非常霸道的女人，朝廷大事基本少不了她的干预。于是，窦婴做了一年多丞相，就被免在家赋闲了，田蚡同时被免了太尉的官衔。

虽然两人均赋闲在家，但受到的待遇有所不同。因为王太后欣赏田蚡，一些趋炎附势之辈便从窦婴身边离开，跑到了田蚡门下。窦太后四年后去世，可以说窦婴作为外戚已经彻底失势了，田蚡则因为王太后很快被汉武帝提拔为丞相，窦婴家越发门可罗雀，相形之下，田蚡家则门庭若市。

真可谓疾风知劲草，日久见人心。此时只有灌夫待窦婴如故，灌夫是七国之乱时涌现出来的猛将，性格刚直，爱酗酒闹事，不喜阿谀奉承，与朋友以意气相交，因此很喜欢与江湖豪杰来往，屡次因罪失官。其老家颍川老百姓编了一首儿歌来形容灌夫一家在当地一手遮天的情况："颍水清，灌氏宁；颍水浊，灌氏族。"意思是如果灭掉灌氏家族，整条颍水河的水都会被染红，可见其家族势力有多大。窦婴和灌夫脾性相似，就这样越走越近。

窦婴是汉武帝的表舅公，田蚡是汉武帝的表舅，当年窦婴得势的时候，田蚡只是很普通的郎官，对窦婴都是下跪行子侄礼。等田蚡做了丞相后，已经完全不把窦婴放在眼里。

一次，田蚡遇到灌夫，就随口和他说："我本想和你一起去魏其侯家拜访，但你刚好在服丧期间，只好算了。"灌夫是个性情中人，一听这话，连忙替窦婴邀请田蚡第二天去窦婴家做客。当天灌夫就把这一消息告诉给了窦婴。窦婴一家连夜为迎接田蚡而收拾忙碌，可谓一夜未睡。然而第二天一直到了中午，还不见田蚡过来，灌夫就非常不高兴，于是去丞相府再请田蚡。灌夫到的时候，田蚡犹在睡觉。灌夫告诉他窦婴一家为迎接田蚡，从早上到中午，一直都没有敢开饭。田蚡则假意忘却此事，待得田蚡驾车起行，又是不疾不徐，表现得毫无愧意，灌夫怒火中烧。到了一起喝酒之时，灌夫邀请田蚡一起跳舞，田蚡不肯起身，灌夫又喝醉了酒，就骂了田蚡几句。窦婴一看势头不好，扶着灌夫离开了，自己替灌夫向田蚡谢罪。田蚡当天可谓是志高气满，喝得极高兴而离开，但灌夫酒席上的举动已然得罪了田蚡，而田蚡如此恃气凌人，灌夫自然也瞧不起田蚡。

还有一次，田蚡想得到窦婴的一块田地，派了一名使者前去索要，窦婴怒田蚡强抢田地，并不答应。灌夫在一旁更是将这名使者骂得狗血淋头。田蚡等使者回来报告后，非常生气，怒道："魏其侯的儿子犯了杀人罪，是我让他活了下来。如今向他索要一点土地还推三阻四，况且这事关他灌夫什么事呢，要他多管闲事！"

田蚡抓住灌氏一家在颍川的种种罪行，就想致灌夫于死地。但灌夫也不是吃素的，他与江湖人士经常往来，田蚡做的一些小动作也被他抓到了把柄。汉武帝继位没有多久，淮南王刘安入朝，田蚡曾和他说过："如今皇上没有立太子，你是高祖刘邦的亲孙子，仁义的名声遍布天下。一旦皇上去世，不是你继位还能是谁！"当时田蚡身为太尉，主掌军事，这番话助长了淮南王叛逆的野心，淮南王还送了田蚡许多财物。这件事被灌夫拿来威胁田蚡，大不了鱼死网破，田蚡这才罢了。

原本大家就此收手也好，但终于发生了一件大事，使得双方都彻底撕破了脸。这件事发生在田蚡结婚典礼上，汉朝丞相的结婚典礼自然是热闹非凡，王公贵族列侯宗室均前往道贺。原本灌夫不想参加，但窦婴想灌夫与田蚡关系闹僵和自己有很大原因，就想借着这次机会缓和大家紧张的关系，灌夫勉强听了窦婴的话，和他一起去。

典礼上，田蚡敬大家酒，大家都避席匍匐。而到了窦婴敬酒的时候，只有一半的人避席，其他人仍是跪坐在席上。灌夫看到大家这么趋炎附势，心里大为不满。于是借着敬酒的时候痛骂了一顿几个不通礼数的人，典礼被灌夫如此毁闹，田蚡脸上也过不去，他知道灌夫是在指桑骂槐，是在骂他田蚡，于是他令人抓捕灌夫，弹劾他大不敬罪，加上灌夫一家此前的罪状，判弃市罪。田蚡放出风来，要把灌夫家族也一并抓获，灌夫家族得到消息，都逃之夭夭，没有人敢效法灌夫去揭发田蚡的丑事。

窦婴很难堪，灌夫得罪田蚡，固然是灌夫本人的性格使然，但毕竟还是因为窦婴打抱不平而起，于是窦婴四处找关系打点，但田蚡并不领情，窦婴只好上书给汉武帝，说此事只是灌夫喝醉了酒闹事而已，不至于死罪的地步。汉武帝同意窦婴的意见，决定开一次朝廷辩论会，看看大臣们的意见。

朝廷辩论的时候，窦婴指出灌夫和其父在七国之乱中表现英勇，为国立下巨大功勋。酒席上的争论事情闹得再大，也不至于死罪。田蚡却指出灌夫一家在颍川横行霸道欺压良民家财万贯罪不容诛。窦婴就说谈到横行霸道，你田蚡身为丞相，向我曾经强索良田。田蚡就说："如今天下太平，我田蚡确实喜欢玩乐，喜欢田宅，但我营建宫室、养歌女戏子，哪里比得上你窦婴和灌夫整日与江湖人士谈天论地，不希望天下太平，巴不得天下大乱，你们好再立大功！"

田蚡的话一针见血，他确实如王太后所言，极富辩才。他善于栽赃陷害，他将自己的罪行归结为天下太平下为官者大多存在的表现，其意图是表明自己享受太平，是在赞美汉武帝治国有方。而他又指出窦婴和灌夫是战争中起来的人，他们作为武将，只是巴不得天下大乱，如果不乱自己还会整天惹是生非。

汉武帝也不知如何裁决，回到后宫，母亲王太后以绝食来施压，对汉武帝怒道："我现在还活着，这些人就敢如此欺辱我弟弟田蚡，我真死了，他不成了案板上的待宰杀的鱼肉了吗？你身为皇帝，难道是石头人吗？你手底下这些人如此碌碌无为，你要是死了，这些人可还有值得信赖的老臣托付给你儿子！"王太后的话让汉武帝下定了决心站在田蚡这一边，终于论罪灌夫一家灭族。

没有人敢向汉武帝求情，窦婴只好自己想办法，他想起来当年汉景帝死的时候，给自己下了一道遗诏："事有不便者，以便宜论上。"意思是遇到麻烦时，请有关部门尽量予以解决，这几乎就是丹书铁券免死金牌了。于是窦婴拿出诏书请求汉武帝放过灌夫。然而经过皇家档案室一查，并没有这份遗诏的备份文件，于是窦婴反而落了一个伪造诏书罪，罪当弃市。

就这样，灌夫与窦婴先后以弃市被杀，罪名不同，然而都是因为田蚡所致。据《史记》载，田蚡不久便发疯而死，死前自己承认罪过，并向窦婴和灌夫谢罪，巫师说是两人的冤魂来向田蚡索命。司马迁记载这一玄怪之事显然在情感态度上是站在了窦婴和灌夫这一边，他在评论的时候提到窦婴没有考虑到时过境迁的因素，仍要拿自己昔日的威望出来，但汉武帝的表舅公怎么能够与汉武帝的表舅相比呢？而灌夫也太过莽撞，两人终于因此而酿成巨祸。

此后，淮南王刘安谋反事发，他与田蚡当年暗中勾结的一些事情也被汉武帝知晓，汉武帝道："假使武安侯还活着，那就是灭族大罪了！"如果真有鬼魂索命一说，窦婴和灌夫应该当时放过田蚡，好让他此时灭族才对，可见只是妄说。


## ◆ 吴越争霸


吴越两国偏安东南一隅，地理位置类似于秦国，战火长期以来都是远离自己的国土，好似春秋争霸与他们并无关系，但吴越两国也并不甘寂寞，吴国和越国在春秋末年也曾发生过与中原诸国争霸的念头。只是吴越两国的兵种与中原大国颇有些不同，他们擅长水军，与北方的骑兵，中原的车兵都各有所长，战争便不容易发生，更何况吴越之地即便被中原国家占有了，文化传统迥异，地理位置偏远，也不容易守住。所以，吴越有与中原诸国一争天下这般夜郎自大的想法也属正常。

吴越两国不常打仗，又有渔盐之利，国家强大了，便忍不住要打仗，既然不便往外扩张，两国便开始互撕。

有一年，吴国和楚国的边境村子上两家女子争夺桑树，这么一件小事，因为吴国的逐渐强大从而引发了两国之间的战争，后又因为伍子胥从楚国逃到吴国，引诱吴王阖闾攻打楚国，吴国精兵大部分都被调去楚国，且攻破了楚国的国都郢。

越国也按捺不住发动战争，越王允常趁着吴国国内空虚，发兵攻打吴国。此时楚国恰好得到秦国援助，打退吴兵，吴王阖闾的弟弟夫概又打算在国内趁机篡位。吴王阖闾只好领兵回国，打败了夫概，击退了侵犯的越兵。吴王阖闾与越王允常结怨。

到了越王允常去世，其子勾践继位，吴王阖闾趁着新王登基未稳，领了吴兵来犯。越王勾践使了诈术，让几名勇士在阵前像疯子一样跑来跑去，大声喊叫，然后自杀。吴国军队于是光顾着看热闹，乱了阵脚。越王勾践趁机发动军队，击溃吴兵，并挥师北上，一直追到姑苏才班师回朝。

吴王阖闾在这一战中被弓箭伤了手指，大概率是患了破伤风，因此而死。临死前，他让太子夫差站在自己的面前，对他说："你会不会忘了是勾践杀了你的父亲？"夫差答道："不敢忘！"

吴王夫差继位之后，积极为报父仇而做战争准备。越王勾践听说了这个消息，决定先发制人，更何况夫差登基未稳，于是主动发动了对吴国的战争。战前大臣范蠡力劝无用，结果越王勾践被打得大败，只剩了五千人马退守到会稽山上，被吴王夫差派兵重重围住。

越王勾践很后悔，征询范蠡意见，范蠡认为只有一条路，就是向吴王夫差俯首称臣，如果夫差还不满意，就做夫差的奴仆去服侍他。勾践派了文种作为使者向夫差表达了自己的意思，夫差准备答应勾践，伍子胥不同意，他说："这是上天将越国赐给吴国的大好时机，不要答应勾践的请求。"夫差不能下定决心。

文种向勾践建议既然做不通伍子胥的工作，此时可以考虑做通伯嚭的工作，因为伍子胥和伯嚭是吴王夫差的左膀右臂，做通一个即可。伯嚭和伍子胥本都是楚国人，都逃亡来到吴国，都有才华，但伯嚭贪恋财色权位，与伍子胥殊为不同。于是文种送了伯嚭美女、珍宝，伯嚭便带了文种去见夫差。文种道："希望大王宽赦勾践之罪，假如您无法饶恕他，勾践就会杀光他后宫的绝世美女，将越国多年来搜集的各种珍宝毁于一旦，并率领最后的五千人同敌人决一死战。"伯嚭也在一旁为文种说话，大谈饶恕勾践后的好处。夫差决定饶恕勾践，伍子胥听闻消息，赶紧进言夫差道："勾践并非一般的君主，而手下的文种、范蠡又绝非一般的大臣，如果让他们得以归国，以后一定会作乱，到时您一定会后悔今日的草率决定！"但夫差根本听不进去了。

勾践终于得以安全归国，从此励精图治、卧薪尝胆，时刻告诫自己不忘会稽山被围的耻辱。而此时，吴王夫差仍不把勾践放在眼里，他的目标远大，他听说齐景公刚刚去世，决定兴师北伐。

伍子胥道："越王勾践在其国内苦心经营，养精蓄锐，正有所图，怎可此时放过心腹大患，舍近求远，去贪求攻打齐国得到的好处呢？"

但夫差并未把昔日甘做自己奴仆的勾践放在眼里，没有听从伍子胥的建议。选择了攻打齐国。打败齐国后，沾沾自喜，回国后向伍子胥炫耀道："你不让我打，结果如何？"伍子胥道："这并没有什么值得骄傲的。"夫差很生气。伍子胥也是性情中人，一气之下打算自杀，夫差听到了这一消息，制止了伍子胥。但两人在对待勾践的问题上并不能达成一致。

文种对越王勾践进言道："我看吴王夫差执政骄蛮，听不进大臣的良言。但还不能确定夫差对我们的真正态度，请让我测试一下，请大王向吴王夫差借粮食，如果他肯借给我们，则证明了他对我们没有戒心。"勾践照做了，吴王夫差果然给了越国粮食。勾践大喜，知道有朝一日自己复仇有望。另一方面伍子胥大失所望，他叹道："大王不听我的话，三年后吴国只怕会沦为一堆废墟。"

伯嚭听到了伍子胥的抱怨，就在夫差面前说伍子胥的坏话，道："伍子胥表面看起来是忠良之辈，但骨子里却不怎么样。当年连自己的父兄的性命都抛弃不顾，大王您还指望能倚仗他吗？上次您攻打齐国，被伍子胥强力劝阻，如今您胜利了，他一肚子怨言，恐怕离谋反不远了。"

夫差于是派遣伍子胥出使齐国，看看伍子胥坚持不让自己打齐国是否是他有阴谋。果然，伍子胥去了齐国之后，把自己的儿子托付给了齐国的大夫鲍牧，因为伍子胥知道吴国距离亡国不远，自己既然身为吴国大臣无法逃脱责任，但并不想自己的儿子与自己一起死在吴国。

此事让夫差听到了大为恼怒，认为伍子胥是早有预谋，和齐国一直暗中勾结往来。加上伯嚭此时在一旁火上浇油，说："伍子胥乃先王重臣，如今却遭冷落，遂心存不满，做了间谍，与其他国家的诸侯有来往，犯了死罪。"

　　吴王夫差于是派人赐了伍子胥一把剑，让他自杀。伍子胥本以为自己还能与吴国共存亡，实在没想到夫差会在此时让自己自杀，于是长叹道："大王不辨忠奸，国家距离乱亡不远了。当年我助大王顺利登位，登基之后，大王打算分一半的国土给我，被我拒绝。当时我不反叛，岂有此时反叛的道理？"自杀前又对自己的门客悲愤地说道："我死以后，把我的眼睛挖出来挂在吴国的东门上，我要看着越国军队如何灭掉吴国。"吴王夫差听了伍子胥的遗言大怒，命人用生牛皮包裹了伍子胥的尸体，扔到了江中。后来勾践重臣范蠡退隐江湖，改名为鸱夷子皮，即有怀念伍子胥之意。

　　越王勾践听到伍子胥被逼自杀的消息，随即召来范蠡问道："吴国已经杀死了伍子胥，吴国朝廷内奸诈之徒越来越多，我们可以发兵了吗？"范蠡认为时机仍未成熟。

　　吴王夫差称霸的雄心并未止歇，在一帮阿谀奉承的大臣整天吹捧下越发飘飘然。一年后，吴王夫差召集一些诸侯于黄池集会，将国内精兵强将都带了过去。吴国国内只剩下了太子友带领着一帮老弱妇孺。范蠡认为此时进攻吴国时机成熟，发五万人攻打吴国，吴国太子友战死。

　　使者把吴国战败的消息火速报告给在黄池正意气风发的吴王夫差，夫差不敢让诸侯们听说这件事，然而纸包不住火。在黄池集会，夫差本想称霸，然而因为吴国战败，自己此时又无力震慑其他诸侯，最终盟主位置不得已拱手让给了晋定公。灰心丧气的夫差回国后派人给越国送去了厚礼以求讲和，越王勾践认为自己此时还没有足够实力灭掉吴国，暂时答应了吴王夫差的请求。

　　四年后，越王勾践再次攻打吴国，吴国大败，终于吴王夫差被越王勾践围困在了姑苏山上，情形极其类似当年的会稽山之围，只不过此时双方换了个位置。吴王夫差派了使者去请求越王勾践放他一马，顾念当年自己放过勾践一马之情。在范蠡的建议下，勾践没有放过夫差，派人对夫差说："我不杀你，但吴国不能保存，我封你一百家，供你食用。"吴王夫差道："我老了，不能侍奉越王！"于是用布蒙住脸面而自杀，口中兀自叹道："我哪里有颜面去见伍子胥！"

有意思的是，夫差临死时并没有感觉自己对不起自己的父亲，而是觉得有负于伍子胥。夫差把勾践踩在脚下之后，认为自己已经满足了父亲的遗愿，自己功高盖世，并不觉得伍子胥此时有多少存在的必要性了。这一种心理日后的越王勾践也有，勾践灭了吴国以后，没有继续卧薪尝胆，而是将屠刀立即指向了重臣文种，逼迫文种自杀。如果范蠡不是早有先见之明，范蠡当然也难逃一死。从这个角度而言，那么吴王夫差当时杀死伍子胥的心理我们是能够理解的。

夫差死后，越王勾践并没有放过为自己复仇立下大功的伯嚭，而是以不忠之罪诛杀了他。

吴王夫差当年放过勾践，认为他无法东山再起，夫差不认为勾践是自己的威胁，反而认为勾践每年向自己进贡，一方面省去了自己管理中的许多麻烦，另一方面又为自己攻伐其他诸侯国提供了很好的后勤保障，放过勾践何乐而不为？夫差此时完全被财色所迷惑，而忘记了君王的职责本来就是治理好天下百姓，怎能怕麻烦呢？

吴越争霸一事难免让人想起春秋时的另一起著名事件晋献公灭虢国。当时晋献公为了灭掉虢国，需要借道虞国，他给虞公送去了屈地产的宝马和垂棘产的玉璧，虞公答应了。晋献公灭了虢国后，回头便灭掉了虞国，重新又得到了当时送给虞公的两件宝贝。当年勾践送给夫差的美女珍宝，此时又被勾践据为己有。

### ◆ 孙膑与庞涓

孙膑是兵圣孙武的后代，曾与庞涓一起学习兵法，庞涓自以为才华能力比不上孙膑。

战国初年，魏国在魏惠王的带领下，十分好战，实力也很强大。庞涓学成之后便去了魏国求将，果然得到魏惠王的重用。庞涓害怕孙膑以后无论在哪一国担任将领，对自己都是一个压制，于是自己私底下让人把孙膑骗到了魏国，然后给孙膑栽赃了一宗罪过，进而用刑法挖去了孙膑的膝盖，并在孙膑的脸上刺了字。

魏国此时的刑法看来颇重，与当时的秦国商鞅变法后的刑法严酷很有一比，大概是此前魏文侯重用吴起，吴起在魏国进行了改革所致。但庞涓的心太毒，他有心让孙膑无法走路，也有心让孙膑无法出门公开见人。虽庞涓没有杀死孙膑，但这对于孙膑这样一位志向高远的才子而言，与死无异。这么对待自己的同门，可见庞涓性格中的狠、准、忍的特点。

一次，齐国有使者来到魏国，孙膑想尽了办法偷偷去求见这位使者。齐国使者和他交谈之后，觉得此人大才，偷偷把他带回了齐国。当时有不少才子同孙膑一样，因为各种原因无法出国，只能通过这种让其他国家使者偷偷把自己带出去，类似有名的例子如从魏国逃亡到秦国的范雎。

来到齐国后，孙膑投靠了齐国名将田忌的门下，在著名的"田忌赛马"中，让田忌采用下驷对上驷、上驷对中驷、中驷对下驷的办法，赢了齐威王千金赌金。齐威王没有因为输了赛马而生气，了解了其中内情之后，知道了是孙膑出的主意，因而对孙膑钦佩不已。

后来，魏国攻打赵国，赵国危在旦夕，来齐国求救。齐威王想让孙膑当将军领兵救赵国，被孙膑拒绝道："我是受了刑法的人，我做将军会堕了军威，这是不行的。"于是齐威王让田忌做了将军领兵救赵，孙膑做了军师，坐在车里面出谋划策。

田忌带了军队，准备直接赶往战场去支援赵国，与魏国军队直接对抗，田忌的这一决定让孙膑否决了。孙膑道："这并不符合兵法，支援别人不可让自己身陷其中，我们要找到对方弱点，一击命中。现在魏兵率领了精兵锐卒攻打赵国，其国内必然只剩了老弱妇孺，您不如领了军队快速赶往魏国都城大梁，攻打赵国的魏兵为了自保，一定会撤军赶回魏国支援。"田忌照做了，魏兵果然撤了赵国之围。这就是历史上十分有名的"围魏救赵"一事。

十三年后，齐威王已经去世，由齐宣王继位。不久，魏国又发动了对赵国的进攻，赵国再次向齐国求救。齐国派了田忌为将军带兵与上次一样，直走大梁。

这次魏国仍然委命庞涓为将军，魏惠王为激励将士的斗志，更让太子申作为上将军督战。庞涓听到了这一消息，再一次迅速回国，以图半路狙击齐军。

魏国军队经过外黄的时候，遇到一个姓徐的人对太子申进言道："太子您亲自带领军队去攻打齐军，如果胜利了，甚至把齐国灭了，您最后也不过是一个魏王。但假如战败了，那么您还能再当魏王吗？"太子申听了这话，觉得灰心丧气，就要直接往国都大梁撤退了。徐子又道："您现在想回去只怕不能了。有多少人正盼望着依靠这场战争取得军功，借此升官发财呢！"太子申命自己的马车夫撤退，马车夫道："虽然这不是战场，但现在撤退，与打了败仗而逃亡没有区别。真回去了，我们都是死罪难逃。"情况果如徐子所言。太子申终于还是继续带兵去打齐军。

齐军这边孙膑仍是军师，他对将军田忌说道："魏军平素骁勇善战，一直都瞧不起齐国人，认为齐国人胆小怕死。我们不妨因势利导，索性就让魏军真的认为我们怕死，之后我们再打他个出其不意。"

孙膑又道："兵法上说，为了利益而进军百里，就会折损上将；为了利益而进军五十里，只会有一半的人马听命追随。我们今天做饭留下十万灶，明天留下五万灶，后天留下三万灶。魏军一定认为我们军心涣散，从而轻敌。"

果如孙膑所料，庞涓看到齐国军队做饭燃起的灶火堆越来越少，以为齐国军队真的已经逃亡过半，于是令骑兵车兵火速前进去狙击齐军，把辎重和步兵留在了后面。到了傍晚时分，庞涓来到了马陵。

马陵地形特殊、道路狭窄，旁边多山林，是个埋伏军队的绝佳地点。如果是平日，庞涓焉能不仔细思量？但此时已经被击败齐军、扬名天下的名利蒙蔽了心，已经考虑不了那么多了。暮色之中，他隐隐发现一株大树被剥去了皮，并被刻上了字。他命人燃起火把，发现上面刻的正是"庞涓死于此树之下"的字迹。继而齐军伏兵四起，万箭齐发，魏军大败。

庞涓自知失败无可挽回，自己的援军早被自己远远抛在后面，于是引剑自刎，死前叹道："遂成竖子之名！"齐军马陵一战不光杀死魏军将领庞涓，还俘虏了魏国太子申。孙膑果然如庞涓所言凭此一战成名，其兵法也随之流传天下。

庞涓怨气很重，临死前还不忘记骂上孙膑一句，然而并非孙膑对不起庞涓，是庞涓有负于孙膑在先。可见是庞涓心有不服，纵然他承认自己不如孙膑，但这么愚蠢地败在了孙膑的圈套之中，怎么甘心？"竖子"一词的意思类似于后世的"奴才"，是瞧不起他人自己又往往无可奈何时的怒称。类似的事例还如鸿门宴后，范增怒骂项羽为"竖子"。

孙膑报仇的时间可谓是真长，他并没有主动请求齐国派兵攻打魏国，而是每次等待魏国出兵攻打其他国家，再利用机会，其兵法的核心必然是讲求仁义、避实就虚了。孙膑为人，可谓善忍也！

### ◆ 张汤与庄青翟

张汤与庄青翟都是汉武帝时人。张汤刀笔吏出身，位至御史大夫；庄青翟列侯出身，位至丞相。

张汤是汉武帝时著名的酷吏，打小其办案能力就声名远播。他小时候，父亲是长安丞，让张汤看家，等父亲回来，发现家里的肉不见了。父亲大怒，杖责了张汤。张汤于是把家里的老鼠洞挖开，捕到老鼠，找到吃剩的肉，然后开办刑堂审老鼠偷肉案。他父亲看他写的判词，就如同出自一个办案的老手，大惊，以后父亲便将写判词的事情交给张汤来做了。这是一件小事，但很能见到张汤遇事不含糊一究到底、绝不吃哑巴亏的性格特点。

张汤在当长安吏时，牢里面关押了汉武帝的舅舅田胜。张汤知道这是自己未来重要的政治立柱，尽心尽力地把他照顾得很好。于是田胜把张汤当作了自己的好友，牢里出来后，他将张汤引荐给自己的贵族圈子，张汤也顺利地进入了政界。

　　田蚡也是汉武帝的舅舅，他当丞相的时候，便举荐张汤担任御
史，审判朝廷大案。张汤是个非常聪明的人，善于见风使舵，特别
会揣度汉武帝的意思。汉武帝崇尚文学，张汤断案的时候就会从《春
秋》中找到类似的事件找到断案依据，按照汉武帝的意思去处理案件，
每每汉武帝都特别满意。

　　张汤对朝廷官员和对待地方豪强是两种截然不同的态度，这正
是张汤聪明的地方。张汤小心谨慎地处理与朝廷官员们的关系，对
待自己的朋友兄弟都照顾得很好，所以张汤虽然审案严酷，但仍然
博得了一个很好的名声。地方豪强因为远离京城，与自己没有太多
关系，他们犯案后，他便穷究到底，如淮南王、衡山王、江都王谋
反的事，牵扯到严助和伍被二人。他们是才子，汉武帝很欣赏他们，
本想放过他们，但被张汤严词拒绝，张汤道："淮南王谋反，伍被
是首谋；严助私自结交诸侯，他们如果放过不杀，今后类似的事情
就难以处理了。"于是他们就被杀了。虽然此事与汉武帝意思不合，
但张汤明显是在维护汉武帝的权威，汉武帝自然喜欢，所以汉武帝
越发信赖张汤，就这样，张汤很快提拔成了御史大夫。

　　汉武帝好大喜功，每年开支巨大，既然中央财政无法节流，只
好来开源。垄断盐铁业、打击地方豪强、发行白鹿皮币等，张汤积
极想办法帮助增加财政收入，以御史大夫之职行丞相之事，损害了
许多人的利益。比如赵国以冶铁为主业，这次盐铁业改革几乎将赵
国的根底都挖走了，赵王怎能不对张汤恨之入骨。再如白鹿皮币，
是以汉武帝在上林苑打猎得来的白鹿作为钱币，一尺见方定价40
万钱，在贵族阶层中推行，诸侯朝拜、下聘礼，都要用白鹿皮币才
可以，极大地掠夺了贵族的财富。张汤可谓不惜为了汉武帝一人而
得罪天下人，也正因如此，汉武帝越发喜欢他，他生病了，汉武帝

甚至亲自去他家探病。

此时恰逢丞相李蔡获罪自杀，汉武帝任命太子少傅庄青翟为丞相，这让张汤很生气，张汤自认为当朝威望第一，满以为丞相之位非己莫属，庄青翟应当礼让于己才对，于是就此与他结下仇怨。

不久，汉文帝的坟墓里陪葬的钱被盗，看守帝王陵墓属于丞相职责之一。庄青翟本应负责，但他认为自己只是名义上的丞相，张汤才是实质上的丞相，因此与张汤约好在汉武帝面前一起承担责任。结果到了汉武帝问责的时候，庄青翟向汉武帝谢罪，而张汤并不谢罪。汉武帝令御史彻查此事。

御史本就是张汤手下的人，张汤便让他给庄青翟罗织罪名，他实在是想趁此机会，逼迫庄青翟让位于己。不想这件事透露了风声，让庄青翟知道了，庄青翟为保全自己，便先下手为强，令手下对张汤早就恨之入骨的三个长史给张汤罗织罪名。

三个长史分别是朱买臣、王朝、边通，三人以前为官都大过张汤，以前张汤对他们都行跪拜之礼。等到张汤位居御史大夫之后，他对待这三人更无半点礼遇，不光如此，还屡屡以官势凌辱他们，让他们难堪。三人这次决意与庄青翟一起整死张汤。

经他们的判断，张汤的罪行主要有两点：其一，勾结朋党，对朝廷不利；其二，利用职权窃取私利。

第一条罪名的起因是一个叫李文的御史中丞不满张汤。张汤手下另一个叫鲁谒居的人站在张汤一边，上告李文曾犯下的罪状。张汤作为李文的顶头上司，李文犯案的罪状落到了他的手里，怎可能放过李文，便将李文处死。后来鲁谒居生病在家，张汤去他家探望，亲自给鲁谒居按摩脚部。

第二条罪状是说张汤利用职权，屡次泄露内幕消息给有关人士以获利。张汤经常参与朝廷大事讨论，每每政令还未发布，外边的商人就提前知道了内幕消息，开始囤货居奇，坐地起价，极大破坏了正常的社会秩序。据说张汤从这些商人手里得到了很多钱财。

汉武帝经人举报后，大为光火，尤其以第二条罪状责问张汤，但张汤并不承认。汉武帝先后派人八次审查张汤，张汤就是不认罪。后汉武帝命另一名酷吏赵禹去审查张汤，终于令张汤自杀。张汤临死前的遗书写道："汤无尺寸功，起刀笔吏，陛下幸致为三公，无以塞责。然谋陷汤罪者，三长史也。"

张汤虽自杀，但从他的遗书来看，他并不认罪，只是认为自己位居三公，朝廷发生的一些事情，自己确实没有完全尽到责任，他是为未尽责而死，并非为了那两条罪名。最后又直接指出了陷害自己的那三名长史。

张汤死后，经有关部门查验，其家总共资产不超过五百金，都是皇帝所赐或者俸禄，并没有传说的从商人处得来的不法钱财。张汤的兄弟打算为他厚葬，张汤的母亲道："我的儿子是天子大臣，被人陷害贪污而死，为什么要厚葬呢？"于是弄辆牛车载着张汤的棺材埋了，他的棺材也不符合公卿大夫的规格，有棺无椁（棺材外的套棺）。

此事汉武帝知道后，深为张汤之死而惋惜，他认为自己受到了臣下的蒙蔽，于是将张汤直接指出的三名长史杀死，从三长史又查出他们乃是庄青翟所指使，于是庄青翟畏罪自杀。

张汤与庄青翟二人乃朝廷重臣，他们本应齐心协力共同辅佐汉武帝才对，但二人为了权力之争，最后却相互陷害而死，实在可悲可叹。